療癒密碼2

改寫根源記憶

THE MEMORY CODE

The 10-Minute Solution for Healing Your Life Through Memory Engineering

Alexander Loyd

亞歷山大・洛伊德——著　聿立——譯

各界對亞歷山大・洛伊德的讚譽

「亞歷山大・洛伊德博士擁有當今世上至關重要的療癒技術。該技術將為健康領域帶來革命性的改變，也是快速康復、維持健康最不費力的方法。洛伊德博士可譽為當代的史懷哲醫師。」

——馬克・韓森，《心靈雞湯》系列書籍共同作者

「我從未發現有任何方法能這樣優雅而簡單，深刻又有效，學來輕鬆容易，與生俱來又可隨身攜帶，且完全不受時間限制。我將這種方法應用在自己、家人、患者身上，這是我所能給予最高度的讚揚。」

——莫可拉博士，蓋雷拉中心醫學主任，自然健康中心前主任醫師

「錯誤信念讓人無法獲得自己想要的生活與健康，若想改變這些信念，非得有像這樣的方法不可。」

——布魯斯・立普頓博士，前史丹佛大學細胞生物學研究員，暢銷書《信念的力量》作者

「這是個典範轉移的突破，徹底推翻多數關於如何創造成功的傳統觀點，並解釋了過去五十年來，為何許多聽起來美好的事情卻無法產生好的結果。起碼我願意『孤注一擲』！我打算從現在起依循並教導療癒密碼2。」

——珍娜・艾特伍，紐約時報暢銷書《熱情測試》作者

「《療癒密碼2改寫根源記憶》充滿重要資訊，提供新觀點及扭轉健康的整體療法，釋放並改寫已儲存的記憶。知名作家、治療師和能量療癒先驅亞歷山大・洛伊德博士，揭示了過去的記憶可能正在影響你的健康、生活、人際關係和成功。記憶工程操作容易、循序漸進，將引導你修改破壞性的負面記憶和遺傳自祖先的記憶，同時使你更深入了解記憶對情緒和身體健康的影響。強烈推薦！」

——布萊利・尼爾森博士，《情緒密碼：釋放受困情緒的奇效療法》作者

目錄

各界對亞歷山大・洛伊德的讚譽 003
推薦序 你有機會爲自己編寫奇蹟程式 劉柳樺 007
給讀者的話 012
導論 記得眞正的你 017

第一部 記憶大故障

第一章 人類原本的運作方式（但現已不再如此） 038
第二章 製造記憶 067
第三章 記憶的劣化 085
第四章 兩大定律 113

第五章　爲什麼做不到對自己最好的事　144
第六章　記憶大故障總結　164

第二部
記憶工程技術

第七章　能量醫學的基本知識　176
第八章　記憶工程：眼見爲憑　189
第九章　記憶工程技術：回到過去，改變現在和未來　213
第十章　療癒密碼二：開鎖的能量工具　240
第十一章　記憶工程的療癒效果　253
後記　奇蹟是我們的內建程式　265

推薦序

你有機會爲自己編寫奇蹟程式

劉柳樺

《療癒密碼》和《夢想密碼》這兩本由亞歷山大博士所著作的書，很大程度影響了我的生命品質。《療癒密碼》讓我認識到能量療癒的威力，是我人生的轉捩點，從那時起，我從粗糙脆弱的外在指標，轉而追求更平衡生活的內在指標。我終究明白這一生必須要選擇依循愛的生活才有品質跟尊嚴，絕對不能再只是爲了活下去而活下去。愛開啓了我通往奇蹟的大門，幫助我導向慈悲的生活。慈悲是一種內在和外在平衡的力量，我們自己和周遭的人可以維持適當的良善關係，包括我們跟宇宙源頭的關係或跟神的關係，就像仁神術裡面提到的，上天的慈悲是透過我們所傳達的藝術。我因而認識到身心靈是完整的一體，唯有身心靈都是健康的，我們才能有「豐足的糧倉」。

實務生活中，還是會有一些非個人所能控制的問題，又該怎麼辦呢？

有時候我感覺到自己還是會被生活中那些似是而非的恐懼給限制住而動彈不得，現在很開心可以透過記憶工程技術，幫助我更快速的脫落這些標籤，進而打開奇蹟的內建程式。

在全球面對新冠肺炎如此嚴峻挑戰下，很多人對未來的生活充滿著不確定感，也不抱持著任何希望。我們太習慣讓恐懼控制我們，看到城市的熱鬧景象不再、我們被封鎖在家裡、人們搶購囤積物資、鋪天蓋地的負面新聞、每天上飆的染疫數字迎面而來，似乎讓我們覺得自己也快要跟著這波疫情滅頂了。

恐懼讓我們看不到未來，感覺不到光明的希望，我們開始胡亂找理由互相攻擊，社群媒體交織著很多強烈的憤怒與徹底絕望的訊息，把生活弄得更加焦慮緊張。這一切外在亂象夾雜著互相指責，導致我們各種壓力升高，實則對防疫工作的需要並沒有具體的幫助。

宅在家中的你，何不舒服的泡杯茶，坐下來依照書中的指引，同時使用記憶工程技術和療癒密碼二，來幫助自己擺脫這些憤怒跟絕望的壓力干擾，讓我們有能力更聚焦於內在和諧；和諧能量專注，氣長才活得久。

記憶是心的語言，當我們的記憶故障或大當機的時候，劣化跟破碎零散的記憶就像是質變後的油，凝結我們原本可以創造奇蹟的可能性，而記憶工程則可以幫助我們溶解、脫落這些不正確的標籤。

療癒密碼二搭配記憶工程技術，能開鎖我們卡住的根源記憶。多年前在我跟友人邀請亞歷山大博士來臺灣舉辦工作坊的時候，已經有許多人告訴我，他們受益於療癒密碼二，解決了長期以來曾經試過許多方法卻仍然被困住的問題，感覺自己脫胎換骨。

而最新版的記憶工程技術更厲害了，除了運用療癒密碼二的技巧解鎖開關，還提供更強大威力的步驟，幫助我們脫離對事件的錯誤詮釋。神奇的重設愛、慈悲、恩典、豐盛的記憶預設值。

大環境變化得太快，因爲疫情跟政局的緊張，我們身邊許多親朋好友的身心都如同緊繃的弦，稍一施壓隨時都有可能會斷掉。焦慮恐懼的壓力這麼大，接下來是否可以賺取更多的財富，換更好的工作，獲取更大的成功，都未必可以讓我們的心率由負轉正。我們需要參考本書中所傳授的記憶工程技術，讓我們在局勢未明的環境下，還是可以專注在內在的和諧裡，並且讓生活逐步在充滿愛的信心裡回到正軌。

這套自動串流記憶工程技術，完全可以幫助我們放手讓免疫系統、智能療癒系統和記憶工程法，得以全身心發揮出百分之百的效率跟力量，把心率由負轉正，並且爲現在最困擾我們的議題，創造出最強大、最完美的終極預設記憶，對身心保健至關重要。

使用記憶工程技術可以讓我們回到過去，改變現在和未來，並且得到最強大的支持。

我們的心有一套很像做直播的影像控制台，記憶工程讓我們能夠坐在心的控制椅上，從根源處療癒想法、情緒和行爲的影像，這套記憶工程技術可創造並且療癒、編輯、修復那些長期以來拉低我們免疫力及創造力，所謂似是而非、不眞實的影像，使我們得以專注於優先處理正面的愛的記憶。

想知道怎麼做嗎？書裡面有很清楚明確的方法，教導我們如何坐回自己心的控制台，完美擔任直播串流工程的最佳導播。跟著本書學習，保證我們有機會爲自己編寫奇蹟程式，選擇愛、喜悅、平靜、健康、快樂，還有超乎腦袋所求所想的成功生活。

（本文作者為小時光心靈文創館創辦人）

致母親

我的第一個記憶，是您願意為我犧牲性命。

我愛您！

給讀者的話

我將在本書中與各位分享療癒及個人成長的一項新方法，名爲「記憶工程」。這種方法直接深入致使你在生活中止步不前的問題根源，無論是生理、情緒或實務面的問題，並使你有能力克服這些問題，尤其是當其他方法似乎都無效的時候。

三十年來，我始終相信記憶幾乎是人類所思、所感、所做的一切，以及體內化學作用的根源。因此這三十年來，我一直試著找到一種能修復、治癒及編輯問題記憶的方法。我絕非唯一一個這麼做的人。而經過三十年不斷地尋找、測試、失敗、突破、再次測試及微調之後，我相信我終於找到了。

在《療癒密碼2改寫根源記憶》這本書中，我確信提供的是可信的理論，解釋人類記憶如何運作，以及記憶爲何是生活問題的眞正根源。此外，我也提供了一種簡單的方法，能讓你改造記憶並療癒最嚴重的問題根源。

不過，在深入探討這個理論並用它來解決最嚴重的問題之前，我想先提出一項免責聲明。記憶研究是一項嶄新的研究領域。沒有機器能展示記憶供人觀看，因此任何你可能聽到關於人類記憶是如何運作的科學根據，頂多只是片面的。我將在本書中不時引用一些科學研究來支持我的理論，但絕無意暗示這些研究「證明」我的理論是對的。它們不過是為我過去三十年來，在行醫時期所見所聞、而且我知道是千眞萬確的事物，提供了部分佐證。其實，我認爲整體而言，雙盲試驗未必就是驗證眞相的黃金標準，理由如下。

我有幸師從多位天才，其中一位是羅傑・卡拉漢博士。他是一名臨床心理學家，多年來慕名至比佛利山莊求診於他的人絡繹不絕。然而，他跟我一樣，對自己無法如願幫上許多病患而備感挫折。後來他成爲全球能量心理學的創始者，而我跟著他一對一學習了大約一年半。以下引用一句他說的話，我非常喜歡：

「雙盲研究的目的，是在無人能判斷某種方式是否有效的情況下，來證明它有效或無效。」

換句話說，若某種方式對他人顯然有效，且並無壞處時，就未必需要雙盲研究來證實它有效。當然，若討論的是藥物，則是另一回事，因爲藥物可能有諸多不良副作用，因此其利弊得失無法一目了然。有時廣告的大半內容都在告知消費者，這種藥物可能引發自殺念頭、傷肝、傷腎或致癌。若你有這種藥物，趕快去做個雙盲研究吧！

多數藥品其實都是一種用來破壞疾病的生物毒藥，卻同時對其他區域造成損害。人體無法辨識攝入體內的藥物，因此將其視爲有害物質，後來該藥物爲了產生預期的效果而壓制人體的基本功能，而非與人體的療癒系統融洽合作。

許多人認爲目前美國的鴉片類藥物氾濫，起因爲廣泛開立諸如奧施康定（氧可酮）等止痛劑，卻對其負面效果毫不知情（或可能是不加理會）。這只是一個明顯的例子。看似安全或已經證實的物品，實則不然，甚至在雙盲試驗中也是如此。

幾年前，我在《賴瑞金現場秀》看到一位醫師接受訪問，主題爲維他命。那位醫師說，二十年前，主流醫學確信維他命只有讓人排出「昂貴的尿液」這項好處。時至今日，醫師卻幾乎逢人便推薦維他命。原因何在？那位醫師說：「因爲現在我們知道維他命是有效的。」

唉呀，維他命一直都有效啊！許多人在醫療文獻研究「證明」出維他命有效之前，就已經知道維他命是有效的，也已經在服用，或許還獲得了維他命所帶來的實際益處，卻遭到醫療機構訕笑，直到某個雙盲研究「證明」維他命確實有效。

只因雙盲試驗無法證明其眞僞，也不表示某事物就不是眞的。在艾薩克．牛頓爵士發現之前，萬有引力不存在嗎？在湯瑪斯．愛迪生發明燈泡之前，電不存在嗎？在路易士．巴斯德發現之前，細菌不存在嗎？當然存在！這些事物在科學證明其存在之前，分毫不減其對人類的影響力。

這裡有另一件必須考慮的事。幾位教授曾告訴我，史上從未有過心理諮商方面的雙盲研究。原因何在？因爲這是不道德的。你必須對其中一組給予適當的諮商，另一組則給予不適當的諮商，但合格的諮商師是不能這麼做的。

世上有多少人會說：「沒有諮商方面的雙盲研究，因此諮商在任何情況下都不會有效。」有人說諮商往往無法提供想要的結果，我亦有同感，而這也是我轉換跑道的原因。但我向你保證，成千上萬則故事說明許多人因接受良好的諮商與治療，而徹底改變生活。

我的朋友、醫學博士吉米．內特維爾是范德比爾特醫學中心的神經外科醫師，他說得很好。幾年前，我們在一場募款晚宴上比肩而坐。他詢問我工作狀況，我告訴他我正在研究能量醫學，並稍加解釋。此時我已熟知其他人可能出現的各種反應，於是我說他可能會覺得很荒誕。

但他的反應出乎我意料。他說：「不會，不會，一點也不！」接著他拿起一張餐巾紙，畫了一條長約十五公分的直線，說：「亞歷，如果這條線是存在世上關於健康的所有知識，我相信我們所知道的，可能只占這條線的五公分而已。如果我說你正在做的事，不可能在這條線上的另外十公分上，那我得多傲慢、多愚蠢啊！更何況醫學史上不乏某件事先被斥爲無稽，之後卻證明無稽的想法才是錯誤的例子。」

然後他說了一句我永遠不會忘記的話。「如果某個方法對人有幫助，而且不會造成傷害，我會告訴病人不妨試試看，然後再告訴我這個方法是否有幫助，這樣我也能試試看，看是否能幫助其他病人。」

這句話差不多總結了我對記憶工程的想法。它對人有幫助，而且不會造成傷害，何不試試看？依我之見，記憶工程在未來不可能不成爲一大主流，因爲它處理的問題對地球上的每個人都太重要了。但目前記憶工程已超出能用雙盲研究證實的科學方法之外。

請別誤會，我並非反對雙盲研究這種科學方法或標準醫學。倘若我被一輛卡車撞到，躺在地上血流不止，請不要對我實施能量醫學，快把我送到急診室！但在自然與能量健康領域中，卻有許多正在治療的項目是沒有醫學試驗的。我即將教導各位的記憶工程法所治療的項目，就是你的記憶，而且主要是無意識的記憶。

從「這是偽科學」進展到「每個人都需要做這件事」，也許得花二十年，但你一天只要損失幾分鐘，卻能得到持續二十年的效果。

導論

記得眞正的你

我們看見的不是事物的原貌，而是我們自己的模樣。

——阿內絲・尼恩，美國作家

一九五九年七月七日。這天是我的生日，也是母親的祭日。

我的父母等了九個月，這段期間，他們始終知道會發生什麼事。他們本來不打算再生育，但母親還是懷孕了。每個醫師都跟她說同樣的話：「想活命的話就把孩子打掉。」

母親是什麼樣的人？她是血統純正的德國人，用波爾卡音樂養育子女，也用廚藝寵壞他們。鎮上每個人都喜歡她，因爲她對大家都很好。她有著澎湃強烈且源源不絕的同理心。她挨家挨戶兜售銀器，業績經常勝過芝加哥的頂尖商人，家裡也擺滿了雇主送她的獎品。她的喪禮舉辦的那天，將有數十名她之前的客戶（現在的朋友）前來參加。

醫師告知母親，她唯一的選項就是以命抵命：犧牲我的，救她自己。她怕極了，卻毫不猶豫地拒絕。

我本該在七月四日美國獨立紀念日那天出生，但父親從事煙火業，那天得工作，於是他們把我的出生日期延後，這樣我出生時他才能在場，也才有機會跟妻子道別。我一直有點埋怨他這件事。我在家族企業中長大，對一名煙火業務員來說，有比七月四日更完美的生日嗎？但回首過往，我想這對母親來說肯定意味著什麼。這表示她還能多活三天。

我在她腹中九個月。我是個矛盾的孩子，既接收到完整、無條件的愛，也承受著徹底、極度的恐懼。最後三天，她強忍著劇痛躺在病床上，等著送給我最後也是最偉大的一份禮物。

結果母親沒死。醫師說她會死，而她也準備為我犧牲性命。那一年她大多時候都想著：我要死了，我要死了，我要死了！然而，那一刻來臨了，她卻沒死。既然如此，我為什麼說一九五九年七月七日是她的祭日呢？

因為母親雖然沒死，但對我來說這件事卻變成真的了。我在死亡的陰影下出生。我在母親腹中的整整九個月，「她會死」這則虛構事件的影像在她腦海中一遍又一遍播放。我要死了，我要死了，我要死了。她把這個影像和信念傳遞給我，於是我也相信「我會死」。

即使母親把我生下來，而且母子均安，但對我來說危機尚未解除。我不肯進食，無論餵什麼我都不肯吃，沒幾天體重就掉了一兩公斤。醫師安排我住加護病房，卻無法讓我進食。我的情況越來越糟。這種信念影響了所有人，但我認為嬰兒特別容易受到這些信念影響，因為他們還沒有任何可用來抵抗信念的自覺意識。我相信我會死，又有誰能告訴我其實我不會死呢？

要不是母親（又是母親救了我一命），我原本會按照與生俱來的程式執行。她不顧醫師勸阻，把我從嬰兒保溫箱裡抱出來，帶我回家。醫師說：「離開醫院他就死定了。」母親回答：「留在醫院裡他才會沒命呢。」於是我們出院了。

接下來幾天，母親每天二十四小時陪著我。她把我抱在懷裡，唱歌哄我，跟我說她愛我，期間一直設法讓我進食。雖然她可能沒意識到，但她正在設法擊退告訴我「我會死」的那個可怕記憶。她用完全相反的經驗和影像轟炸我：我愛你，我愛你，我愛你。

最後，愛戰勝了，而愛永遠無敵。我開始進食，不久便恢復健康。然而，這一生我持續受到這件事的影響，其中有好有壞。一方面，我會強烈感覺到對某人的感情、同理心或愛意，而這些情感促使我去幫助他們、聽他們傾訴，也或許只是扮演好朋友的角色。我相信這源於我的出生經驗，而這也成爲我的一大強項。

另一方面，我時常感到焦慮，卻不知這種情緒源自何處，因此我常把它歸因於正在發生、且我不喜歡的任何事情上。但環境並非引發焦慮的原因，而是我的出生記憶。我怎麼知道？因爲療癒了與母親的健康狀況和我出生有關的記憶之後，我的焦慮情緒就消失無蹤了。強大的負面記憶不會因爲事件結束就立刻消失。最近的研究證明，即使你並未察覺自己正在思考這些記憶，它仍能二十四小時、全年無休地影響著你。

因此，雖不知道原因，但幾乎每個人都相信、也都感覺得到被大腦詮釋爲死亡危險的事件。他們可能不會用「死亡危險」這種措辭，而是會說：「我快氣死了！」或「我快累死了！」或「我快急死了！」或可能只是感到恐慌或焦慮。但對大腦來說，這都意味著同一件事：一種流淌在日常生活中，持續不斷且無法釋放的壓力暗潮。

多數人大多時候都處在壓力狀態中。從生理層面來看，這種壓力反應意味著有某樣東西正在威脅我們的生命，因此爲了救自己一命，我們進入戰、逃或凍結模式。我們會在看見信箱裡的醫藥費帳單、在超市發現最喜歡的零嘴已售罄，或如果有人用怪異的眼光看著我們的時候，出現這種壓力反應。比方說，如果一張高額的醫藥費帳單讓你覺得有壓力，而我問你是不是覺得那張帳單眞的會殺死你，你的意識心靈會說：「你在說什麼瘋話，當然不會啊！我只是感覺壓力有點大，沒事。」但你的無意識心靈卻不是這樣說（我之後會稱無意識心靈爲「我們的心」）。

這就是我說如今每個人實際上都生活在錯覺裡的意思：我們的肉體和心智永遠處於恐懼狀態中，甚至環境裡沒什麼東西可恐懼的時候，依然如此。在這本書中，我們將更深入了解這種壓力反應的眞正目的是什麼，怎麼會開始故障，又是如何在大多數的生活領域啓動故障的骨牌效應，以致現在幾乎每個人都生活在錯覺裡。然而，即使這種錯覺往往對我們的生活造成巨大的負面影響，卻幾乎沒有人知道它的存在。

我的出生故事可能聽起來太過極端，但有另一則例子說明這個錯覺如何對我們日常生活的經驗造成實際影響。

瑪莉是一名風姿綽約的四十三歲女性，她在我的諮商診間坐下。她身上的一切，包括穿著、髮型、化妝，在在顯示出她是一名成功的女性，是立刻會讓你想到：是啊，她是人生勝利組的那種人。

然而，瑪莉卻極為焦慮不安。其實，她的日子過得還算稱心如意。根據她的說法，她先生人很好，生活雖不富裕，卻應有盡有：有一間三房兩衛的房子，孩子就讀好學校，也有喜歡的課外活動和朋友。這是瑪莉孩提時憧憬的生活，但不知為何現在卻變成一種「不得不」的生活。

她試過各種情緒增強藥物，有天然藥品，也有處方藥。有些有效，有些則否，卻都無法改變她對生活的基本看法。

我問起她的童年，她告訴我並未遭受虐待，雖然確實感覺母親大多時候都對她疾聲厲色，而父親也經常不在身邊。她認識的人情況差不多都是這樣。

我問她是否有任何期待做的事，她回答上床睡覺，或一個人看好幾小時不燒腦的電視節目。

最後我問，倘若沒有任何負面影響，她現在最想做什麼。她含淚回答我：「開車到加州，重新開始。」

但瑪莉很清楚她不會開車到加州重新開始。確切地說，這就是她來求診的原因：她很愛她的家人，因此只好接受平庸的生活，為了熬過每一天幾乎耗盡精力。她只是想看我能否幫她應付得更好。

不久，一名截然不同的女性走進我的諮商診間。她也是四十三歲，育有兩名子女，丈夫在業界表現優異，過著典型美國中產階級的生活。她的母親有些霸道，父親常出門在外。

不過，這名女性之所以出現在我的診間，不是因爲她想開車到加州重新開始，而是因爲她熱愛她的生活！

這名女性的生活遠超過孩提時的期望，但未必按照自己預想的方式。她不見得有更多的錢，或更多的空閒時間，或更多的任何東西，但她卻可能擁有了更多的愛、感恩與滿足。

一整天下來，她不會只想著再熬過一天就好。她活在當下，享受每一刻。一天當中她最喜歡的時間，不是上床睡覺或看電視，而是早上醒來陪伴家人。

事實上，我不得不說，在曾坐在我的諮商診間裡的人當中，她是最快樂、最滿足的人之一！

這名女性不是來接受諮商，而是來道謝的。你看，她就是六個月後的瑪莉。

她的環境沒有任何變化，依然是同樣的家族史、同樣的丈夫、同樣的孩子、同樣的房子，基本上也就是同樣的生活。唯一改變的，是她對這些環境的感覺。她對自己和生活感覺良好；她很快樂。六個月前，她並不快樂。

想到自己的生活時，你覺得瑪莉哪個版本的生活最能引起你的共鳴？

你或許正在納悶：要是她的環境沒有任何變化，那麼究竟是什麼如此大幅地扭轉了她的感受呢？

不是她的生理狀態，不是她的大腦化學，不是她的想法、情緒，甚至也不是她的信念，而是某種更深層的東西，也就是打從出生的那一刻起就塑造了生活的那樣東西。那樣東西就是她的記憶。

治標不治本

好的，現在來稍微調查一下。
你想用以下方式改變生活嗎？

- 更有活力。
- 賺更多錢。
- 感受更少焦慮、更多平靜。
- 感覺更愉悅。
- 感覺對生活更有熱情、更加興致高昂。
- 工作與生活平衡得更好。
- 戒除毒癮。
- 較少被困住的感覺，體驗更多的自由。

・工作或轉職更成功。
・睡得更好。
・擁有更多「個人專屬」時間。
・更有信心或自我價值感更高。
・減肥。
・更常運動。
・改善飲食。
・解決健康問題。
・與伴侶或重要的人的關係更親密。
・花更多時間陪伴朋友或結交新朋友。
・與家人相處更融洽。
・更清楚知道自己的人生使命。
・留下有意義的遺產。
・幫助有迫切需求的親友。

這些年來，我治療過數百人。他們遇到問題，卻不知道問題從何而來。最後他們可能會責怪目前環境中的某件事，但那件事絕不是真正的原因，而且這麼做最後反而導致惡性循環或成癮行爲。

例如，彼得有憤怒的問題。他通常一天會莫名其妙發怒三、四次，這種行爲即將毀了他的婚姻，他卻不知如何是好。他接受過幾次諮商，試過服用治療焦慮的藥物，而且，用他的話說，他「眞的很努力嘗試」控制脾氣，卻無法做到。他會在工作時、家裡、回家路上，在任何你想得到的地方大發雷霆。只要事情不如意，他就會惱怒或生氣。他相信問題出在他的處境，而解決方式就是控制自己對所處環境的反應。

然而，我們逐步操作完你將在本書學到的方法之後，彼得發現憤怒的眞正源頭是無法達成父親的期望，以及感覺被父親嫌棄。彼得甚至成爲一名醫師，想藉此打動父親，但無論他怎麼做，似乎都毫無效果。約六週後，他療癒了父親嫌棄他的記憶，於是憤怒問題立刻成爲一件無關緊要的事，而他也得以修復與妻子的關係。惡性循環被打破了。

倘若你正在生活的任何領域中，費盡千辛萬苦想做出永久的正向改變，很可能你正在治療症狀，而非問題根源。本書將幫助你診斷出問題眞正的源頭，並永遠根除。

很快問一個問題。如果你來找我看診，我可能會問你的問題。

假設你人在家中，水開始淹沒家裡的廚房地板。你的住處附近並無水源，外面也沒下雨。你會先做什麼事？你會開始清理地上的水，還是關閉流進你家的水源？

這個問題可能比你想的重要許多。一般人可能會在一分鐘後，走去關閉流進家裡的水源，再開始清理地板。不讓水流停止就擦地板，是腦筋有問題，對吧？

過去八十多年來，心理、勵志、心靈和醫學界提供了各式各樣的理論，來處理我們的問題根源。某些時候，有些書比其他書更受歡迎。然而，即使到了今天，聲稱以下任何一項就是眞正根源的書籍和專家依然存在：

- **環境**：想想SMART目標設定法（具體〔Specific〕、可量化〔Measurable〕、可達成〔Achievable〕、相關〔Relevant〕、有期限〔Time-based〕）、願景板，以及「做就對了」的建議。改變環境，就能改變生活。
- **行爲**：表現出「眞的好像」的行爲。做對的事情，對的感覺便將隨之而至。改變行爲，就能改變生活。
- **生理與大腦化學**：若能找到合適的藥物或補充劑，遵守最佳飲食，長時間靜心或經常有足夠的時間靜心，自我感覺就會開始變好。改變體內的化學環境，就能改變生活。
- **有意識的想法**：了解眞相，用對的方式思考眞相。即使只是意識到跟鄰居相比自己有多幸運，也會開始感覺好些。改變想法，就能改變生活。
- **有意識的信念**：信念，是想法與感覺更強烈、更深刻的結合，定義了關於自己最重要的事項。改變信念，就能改變生活。
- **情緒**：掌控情緒是當今的熱門話題，有各式各樣的技巧。改變情緒，就能改變生活。

身爲人類的我們是如何運作，以上解決方式都提供了精采的見解，確實也經常讓人感覺變好……但只能持續一段時間。問題是，這類著重個人發展的解決方式已存在八十年之久，人們對解決方式的渴求，卻反而更甚以往。怎麼會這樣呢？

因爲這些解決方式都只是在擦乾地上的水，只是方法有所不同。如果你夠努力，持續的時間也夠長，也許把水擦乾的速度眞的會比漏水的速度快。你可能還會偶爾環顧四周，欣賞乾爽的地板，認爲這個解決方式有效。

但廚房漏水的問題還是沒有解決。這就是你爲什麼總是這麼累！因爲你耗盡所有精力在清理，卻未遏止水災源頭！當然，以上任何一種解決方式都聊勝於無，但即使你能一次用盡所有方法，而且完全照做，仍然無法阻止水流進來。

本書就是要教你怎麼做到這件事。直到最近，我們才發現人類更深層的原因，而且是在處境、行爲、大腦化學、想法、情緒，甚至信念之外。

這原因便是我們的記憶。

記憶造就了今日的我們

你可能抱持懷疑的態度。我可以理解，但請容我稍做解釋。

首先，我說的不是有意識地想起學過的「事實」，或發生在身上的「事件」這種記憶能力，也不是學騎腳踏車、走路或打乒乓球這種「程序記憶」。如果有人說「這跟騎腳踏車一樣」，指的是你永遠不會忘記的事。程序記憶很少隨著時間流逝而減弱或出錯。

我說的，是我稱爲「根源記憶」的事物。**根源記憶是由生活經驗和想像所創，甚至是好幾代的祖先遺傳下來並傳承給你的潛意識經驗與印象。**

根源記憶是一種不同的東西，是你用來看自己和世上一切事物的**鏡頭**。發生在身上的一切、貫穿生活和祖先的根源記憶，決定了你的想法、感覺、信念、行動，甚至體內的荷爾蒙和生理狀態。遺憾的是，根源記憶也很容易出錯。本書第一部將探討這一點。

然而，程序記憶和根源記憶有個共通點：幼兒學走路。幼兒是突然站起來就開始走路嗎？不是，幼兒會先嘗試、跌倒約五千次！每次跌倒都會創造一個記憶，最後鍛鍊出走路的能力，包括平衡的感覺、使用腿部肌肉的感覺等。每一個新的記憶都建立在前一個記憶之上，直到幼兒終於擁有順利站起來走路所需的所有記憶。走路需要一系列站立與行走的相關記憶，數量可能多達數百甚至數千。如果此系列中的任何記憶被刪除、略過或錯誤修改，幼兒可能永遠學不會走路。

神經科學家安東尼歐．達馬西歐教授表示：每個想法、信念、感覺與行動的根源，都是一個影像。我使用的根源記憶一詞所指的便是這些**影像**。從現在起，我將只用記憶一詞來表示。這些影像或記憶來自：

- **我們生活中的事件**，包括我們有意識記住的事件（如高中舞會、第一天工作或昨天午餐吃什麼），和並非有意識記住的事件（如出生或嬰幼兒時期父母對我們說話的方式）。
- **我們的想像**，例如幻想即將到來的假期，或擔心自己在乎的人會出車禍。
- **前幾代的人**，例如父母或祖父母，或他們的父母或祖父母經歷的創傷，好比我在子宮裡遇到的情況。

事實是，從各方面來看，今日的我們幾乎都是記憶所造就的，而新的研究每天都在揭示這一點。**我們帶著一組遺傳下來的記憶來到這個世界。自出生的那一刻起，我們就透過這些記憶的鏡頭詮釋一切及創造新的記憶**。這些記憶一個一個往上堆疊，好讓我們學習並制訂策略來保持安全。

創造記憶，也就是在創造生命。或者在某些情況下，是在創造死亡。

記憶故障

問題來了。**觸發「我快被搞死了」這種詮釋與反應（亦稱壓力反應或恐懼反應）的記憶，會優先於其他所有的記憶或信念，無論這些記憶是出自親身經歷、想像或遺傳**。甚至只要是稍微跟這個記憶有關的事件發生，就會引發「我快被搞死了」的反應，無論這件事是否關係到人身安全，或身分、安全感和人際關係。

這有什麼問題呢？難道我們不想讓記憶周全地保護我們嗎？是呀，如果關係到生死，記憶告訴我們的一定是眞相，不會有問題。**但要是記憶說的不是眞相呢？**

我們總以爲記憶就像錄音或錄影，如實記錄著發生在我們身上的事，但事實並非如此。本書第一部也將討論**我們的眞實經驗其實會先透過危險記憶的鏡頭過濾**，而我們已經看過記憶出差錯時可能發生的情況。對我的許多患者來說，只要一個負面記憶便足以「搞砸他們的一生」。這是他們的原話，不是我的，但我感同身受。

舉例來說，找我諮商的一個人感覺他永遠比不上父親。他十四歲競選班長時，父親因爲曾有過成功競選公職的經驗，於是問了他幾個問題，以幫助他做好準備。有一次他回答問題之後，父親笑著說：「你一定以爲你是我。讓我告訴你一件事：你不是我。這麼做行不通的。」

這幾句話改變了他的人生軌跡。二十年來，他飽受困擾，覺得自己永遠無法像父親那麼優秀。他用這個記憶的鏡頭觀看一切，只要跟那次情況略爲相關的事件就創造了一個新的負面記憶，然後又創造了一個新的負面記憶，依此類推。當然，所有這些相關的記憶，隨時都在發送無意識的壓力信號。

之後，我的患者詢問父親此事，發現父親的意思是兒子比他更優秀。在那個記憶中存在的關鍵錯誤是：父親那句話的本意為讚美，他卻聽成批評：「我不夠好，什麼事都做不成。」這個記憶完全建立在誤解之上，卻幾乎塑造了他生活中的一切。

另外，有些時候誤解並不存在。從小到大，我和父親的關係都非常親密，很愛對方。但在我十二歲左右，他診斷出心臟病，當時這就像被判了死刑。有一天父親突然一遍又一遍地打我，邊打邊吼著：「你永遠都不會有出息！」

這件事確實發生過，那天父親真的打了我，也真的說過我永遠都不會有出息。我對這件事的記憶，以及透過這個鏡頭看到的所有後續記憶，在接下來的十五年裡，對我產生了極為負面的影響。

那天之後，我的心情變了，甚至連個性也變了。我變得沉默寡言，感覺自己是個很差勁的人，課業表現變差，也開始惹出一些之前從未惹過的麻煩。最大的改變是我的憤怒。之前我從未真正有過任何憤怒的問題，但突然間我的脾氣變得十分火爆。我原本總是在家裡大聲唱歌，但之後完全閉口不唱，彷彿喜悅從心裡被吸走了，取而代之的是憤怒。

我並未有意識地將父親那件事，跟自我感覺的改變聯想在一起。我不知道為什麼會有那些感覺，或為什麼非得表現出不同以往的陰暗行為。我現在明白自己主要是在壓抑那個記憶，因為太痛苦了，所以無法控制自己的行為和感覺。我感到困惑、痛苦，無法處理導致自己向下沉淪的根源。這個模式基本上一直持續到二十七歲，直到太太把我踢出家門，而這也引發我一生中最重大的心靈蛻變（之後會再提及此事）。

之前提到的病患瑪莉呢？對她來說，問題不在她當時的處境（她的婚姻、子女、房子，甚至與母親的關係），而是在童年時期創造出的專橫母親的記憶。

其中一個記憶是洗碗，母親責備她未按照教導的方式做。瑪莉當時洗碗的方式跟前一天完全相同，當下媽媽說：「小寶貝，做得很好喔。」類似事件經常發生，無論是她整理房間或化妝的方式，或是約會對象。前一天還是不錯的事，隔天就糟透了。母親的反應不僅前後矛盾，還會貶低她，導致瑪莉無所適從。

她並不知道這些決定性的記憶，塑造了她對自己和對生活的感覺，且持續至今。她常覺得必須一直僞裝自己，而且極端在意他人的想法，甚至不惜一切代價去守護。母親責備完總會說：「小寶貝，妳知道我只想要妳得到最好的，我只想要妳過得比我更好。」但瑪莉卻沒有這樣的感覺。

這些記憶造成她用扭曲一切的鏡頭觀看每次的經驗，而這也是爲什麼她會發現自己處於「生存模式」，試著用睡眠或觀看不花腦筋的電視節目來麻痺自己，幻想開車到加州，一去不回的原因。然而事實是，從外在來看，在大多數認識她的人眼中，她的生活看起來很安全，甚至很完美。

在以上四種情況中，當我們把某事件跟我們的身分連結在一起，問題就開始了。因爲X發生了，我們就是不乖的壞孩子；或因爲Y發生了，所以永遠不會有人愛我們；或因爲Z發生了，所以我們永遠不會成功。

諸如此類的結論從來都不是眞的。即使過去遭受最嚴重的虐待，都跟你現在過得安全、有保障或建立關係的能力無關（假設目前不處於生死攸關或受虐的情況），也跟你的價值無關。但這些記憶爲我們創造了錯覺，並且限制甚至阻止我們超越。

接受這些錯誤的結論，以爲它們就是眞理，並繼續在生活中根據這些記憶思考、感覺、行動，就是在過著自欺欺人的生活！而且，將不符合眞相的事視爲眞相的時間有多長，過著自欺欺人的生活就有多久。

這是心智的非凡力量。在德語中，「想像」一詞有兩個含意：一是做白日夢，二是創造。人人都會做白日夢。小時候，我每年都想像自己贏得溫布頓網球錦標賽和美國網球公開賽。雖然這些白日夢從未成眞，但後來我發現想像力能讓我解開痛苦和恐懼的枷鎖。我們都擁有永遠改變生活所需的工具，也能使用「影像製造機」這個工具來創造絕佳的生活。用影像製造機創造成功、健康、融洽的關係和愛，能徹底改變內在生活，而且遠超乎你的想像。

記得眞實的世界

我希望你現在正在思考記憶中的錯誤是否正在阻礙你。這些記憶來自生活、出自你的想像，或傳承自前幾代的人。倘若如此，以下是兩個簡單的診斷方法：

1 每天早上醒來，通常你感覺是只要撐過這天就好了嗎？大多數的日子你都在對抗壓力、焦慮和「不得不做的事」，感覺生活似乎少了什麼嗎？

2 有時你會生氣（或感受到任何生氣的情緒或感覺，如惱怒、沮喪等）？回首往事，你是否曾對自己爲何會那樣反應感到難爲情或不確定？

如果以上有一項符合情況，那麼你並不孤單。今天，絕大多數人都屬於這兩類。除非正陷入嚴重的生理或情緒危機，否則這些日常的掙扎，表示你的記憶正在對生活產生負面影響，並讓你誤以爲自己心情低落。你不必一直有這種感覺，也或許一開始就不該有這種感覺。

本書接下來將解釋記憶是如何演化的，或者在這種情況下是如何劣化的。此外，本書也將說明你能如何回到過去，改變過去的事件。就算無法在幾分鐘內做到，通常也可以在幾天或幾週內完成。

我的第一本著作《療癒密碼》說明如何療癒健康問題的根源；《夢想密碼》教導如何療癒成功障礙的根源；《療癒密碼2改寫根源記憶》將解說如何療癒任何問題的根源，根據的是最新的研究和全新六步驟、十分鐘的方法。你將學到如何關閉水源，而不是成爲把水擦乾淨的專家，這樣就能騰出多餘的心力，爲自己、爲所愛的人、爲這個世界，去愛、去感受最好的生活。

但首先，你必須做出選擇。

以我的經驗（現在已有研究支持，本書接下來也將檢視這些研究），九〇%以上的人懷抱著正在負面影響他們生活的信念。更具體地說，他們對生活和環境的重要領域做出了錯誤的結論，因而創造出這些毀滅性的信念。

我相信記憶工程將開創醫學和心理學的新疆界。因此，若你想過最好的生活，希望能充分運用精力、潛力和天賦，現在就是做選擇的時候了：你打算一切照常，就這麼忍耐著過一輩子嗎？或者你願意冒險尋找更美好的事物？

來找我諮商的人都是想放手一搏的人，否則我不會跟他們合作！我協助在危機時刻不屈服、不願如行屍走肉般過完這一生的人。他們非常想登高望遠，因此願意拋下自以爲知道的一切，因爲他們要的不是輕而易舉的事物，而是完整的眞相和最棒的生活。他們想要冒險一試。

你想放手一搏嗎？如果是，請在下一章與我相見，一起踏上這趟旅程。

第一部
記憶大故障

第一章
人類原本的運作方式（但現已不再如此）

由於記憶驅動著每個想法、感覺、信念、行動和體內的化學反應，所以我想讓你徹底了解此事。

花一點時間回想最近過得非常愉快的那一天。是什麼時候？發生了什麼事？閉上眼睛，試著真正再次體驗那件事：品嚐它、聞它、觸摸它、感受它。只要花一兩分鐘的時間。現在回想上次過得很糟糕的那一天。是什麼時候？發生了什麼事？品嚐它、聞它、觸摸它、感受它。回到當時一會兒。

那一天過得很愉快或很糟糕的原因是什麼？你對每一天的經歷有什麼感覺和想法？

如果你跟大多數人一樣，那麼某一天過得好或壞的原因，會是你對外在環境的感受。在你的世界裡發生了很棒的事，或原本擔心的壞事結果還不錯，於是你記得或「感覺」那天過得很棒。另一方面，當生活中發生了壞事，或但願某件事未曾發生，你就會記得或「感覺」那天過得很糟。

雖然這很正常，但生活品質取決於外在環境的這個信念是錯誤的。說穿了，你正過著自欺欺人的生活，而用來欺騙自己的謊言，就是世界上絕大多數人受苦受難的根本原因和源頭。如果我告訴你，無論發生什麼事，生命中的每一天都可以過得很好，你信嗎？這並不是說你可能是規則中的例外，而是人類原本的設定，就是每天都能過得很好，你信嗎？即使發生罕見的眞正災難，你原本的設定是能快速恢復，繼續之前一貫的美好時光，你信嗎？

多數人並不是這樣過日子，這是數千年來大腦逐漸發生故障的結果。這就是我在導論裡提到的那種故障，也將在之後的章節加以說明。但是，當身邊的每個人似乎經常都過得很不好或過得「亂七八糟」，就很難相信日子過得很糟是一種故障。怎麼可能所有人都故障了呢？但眞相是：幾乎每個人都故障了。我們認爲那天過得好、過得糟或過得普通，是由環境決定，因此別無選擇，但這種想法完全不正確。造成我們發生故障，致使我們用壞掉的濾鏡來體驗這個世界的，是小毛病，是內在的病毒。因此在這一章，我想先簡單扼要地讓你知道我認爲人類原本應該如何運作。

愛是人類的天性——除非置身險境

根據認知神經科學家卡洛琳．利夫博士的說法，**我們的內在（身、心、靈），並沒有一項機制功能，是爲了創造負面經驗或生理狀態而存在**。每項人類的機制或過程的目的，都是爲了創造正面的結果。「例如，在我們的大腦中有個叫做紋狀體的區域，似乎與正增強有關。這個為愛而設定的系統，是為了（當我們）充滿自信與自尊（時），回應冷靜、平靜與良好的感覺而設計。感覺不安全時，這個系統就不會被啓動。」

同樣的，加州大學舊金山分校的麗貝卡・透納博士和康乃爾大學的瑪格莉特・阿爾特姆斯醫學博士發表的研究證明，當一個人感受到基於愛的記憶和關係，只要沒有太多基於恐懼的記憶，就會釋放感覺良好的荷爾蒙催產素。

如果感覺不安全，大腦位於下視丘的某個機制便會釋放大量的化學物質，讓我們能夠迅速脫離險境，這樣才能回到「愛的天性」這種狀態。本章稍後將提到與這個機制有關的更多內容。

除了這種化學作用的正向預設之外，還有另外兩項人類經驗的特色，有助於我們整體的正向預設，也就是心的運作方式和人類的社交天性。

由心主宰的生活經驗

三千多年前，所羅門王的諺語說道：「你要保守你的心，勝過保守一切，因為一生的果效，是由心發出。」所羅門王所指的心，不是心臟這個臟器，而是心靈層面的心。從現在起，我將簡稱這個心靈層面的心為「心」。

吉米・耐特維爾是我從小一塊長大的朋友，他現在是范德比爾特醫療中心知名的神經外科醫師。以下是他告訴我身為腦外科醫師的感覺：「大家都覺得我們很厲害，但其實我做的事很像把一片壞掉的蘋果切下來，但大多時候它又會長回來！有段時間我一直認為應該有更好的方法。」

我認為，治療和試著療癒情緒故障的方式亦然。若不處理根源，就無法解決問題。我相信正如所羅門王所說，**所有問題的根源都可以在心裡找到**。

為了本書之便，我想定義一些基本術語：

- 「意識心靈」包含了在需要時能回想起的記憶。
- 「潛意識心靈」包含了在需要時可能無法想起的記憶，但這些記憶會影響意識心靈，有時也會在意識心靈中浮現。
- 「無意識心靈」包括了我們不知道自己擁有、甚至可能無法有意識存取的記憶。
- 「心靈」是我們的本質，是真我中永恆的一部分。
- 「心」包括了無意識、潛意識、良心、心靈和右腦。

德爾塔／西塔腦波狀態

研究顯示，童年時期需要十個正面經驗才能抵銷一個負面經驗，但研究也顯示，兒童正負面經驗的比例是一比十。這種情況絕對會造成故障，本書稍後將加以說明。但即使如此，兒童時期有個天生的機制能保護我們不受壓力影響。

根據成人腦波圖的讀數顯示，成人可能經歷五種不同的腦波狀態，亦即德爾塔、西塔、阿爾法、貝塔、伽瑪。而根據兒童主要腦波狀態的腦波圖讀數顯示，在生命的前六年，主要處於德爾塔和／或西塔腦波狀態。

按頻率振動快慢，德爾塔是最慢的腦波狀態，在成人身上發生於深層、無夢的睡眠期間。然而，兩歲以下的幼童能在清醒的狀態下體驗到德爾塔腦波，因此幼童的經驗立刻成爲他們最深層程式的一部分。

按頻率振動快慢，西塔是下一個腦波狀態，是白日夢或快速動眼期睡眠（做夢的活躍期）的特色。基本上，兒童約於兩歲開始進入清醒時處於西塔腦波的狀態，而成人則是在淺眠期或深度冥想時才會處於這種狀態。此時期兒童的主要特色爲創意思考，以及經常將想像世界與現實世界合而爲一。

在六到十二歲之間，兒童腦波狀態主要進入阿爾法波。這是一種放鬆的學習狀態，也是進入有意識邏輯思考的過渡期。在此狀態中，成人會感受到精神平靜及省思。

到了大約十二歲，大腦皮質已獲得充分發展，因此我們能體驗到貝塔腦波狀態，其特色爲自我覺察、邏輯思考及做出有意識的決定。倘若貝塔波的頻率夠高，我們就會感受到壓力。從發展的角度來看，這表示人類基本上有兩個腦波階段：貝塔前和貝塔後。直到六歲左右，由於大腦皮質尚未發展到能進行有意識思考及自我覺察，因此這個時期的我們毫無過濾能力：一切都會立刻下載到心中。

同時，嬰兒和兒童在學習需要什麼才能生存下去時，生死反應仍持續發生，且有充分的理由。童年早期意外死亡的機率極高，因此人體內建了生死反應系統，以確保我們能平安活下去。

我清楚記得小時候常睡不著，因爲衣櫃裡有隻怪物在盯著我看，盤算著等我睡著就出來把我吃掉。我的父母檢查過衣櫃，哥哥也檢查過，但那隻怪物太狡猾了，躲過他們的搜查。這下子我無計可施了。沒人相信我，但如果我睡著了，就會慘遭毒手。

一名五歲孩子的母親告訴我以下故事：她兒子一直嘗試騎乘拿掉輔助輪的腳踏車，但每次拿掉輔助輪，騎不到幾分鐘就放棄了。最後媽媽問他：「你覺得要是從腳踏車上摔下來會怎樣？」他立刻回答（頭上戴著安全帽）：「會死掉。」

即使我的衣櫃裡沒有怪物，即使小男孩摔下腳踏車也不會死掉，但這些信念並不是眞的故障。那個年紀的心智，本來就應該對任何潛在的危險反應過度。另一種做法是反應不足，而這可能意味著無法平安長大。這就是爲什麼兒童幾乎什麼事都會誇大。當時的我們並沒有何者安全、何者不安全的知識資料庫，於是我們的感覺被放大了，以彌補知識層面的不足並使我們遠離危險。但精采的地方就在這裡：因爲無法進入貝塔狀態，所以也無法感受到慢性壓力的負面影響。德爾塔／西塔腦波狀態是人類擁有最好的保護系統之一，能將我們的預設經驗維持正向，甚至在行爲理所當然受恐懼主導的年紀，也是如此。那個年紀的我們正在弄清楚哪些行爲是安全的，而哪些是不安全的。

幸運的是，我們終將脫離這個階段。假設你正在參加一場宴會，看到一個朋友正在喝汽水，你問：「嘿，也給我一罐汽水好嗎？」朋友回答：「抱歉，這是最後一罐。」

你會躺在地上鬧脾氣嗎？當然不會！但這正是三歲孩子會做的事。對你來說極不得體的事，卻是兒童生存機制中很自然的一部分。

這件事對我們很重要的原因在於：恐懼記憶的強度，取決於事件發生期間腎上腺素的分泌量。**就算我們認爲自己並未經歷任何重大創傷，但由於腎上腺素的分泌量，每個人都有著一大桶有如創傷的德爾塔／西塔記憶**。這些記憶也需要透過記憶工程來療癒。

由於兒童尚無合理化的能力，因此只會實話實說：「我覺得我會死！」成年後的我們如果沒來由地感到恐懼，極可能是這種德爾塔／西塔記憶的結果。但我們會合理化自己的恐懼，並將恐懼與其他外在環境聯想在一起。這眞是悲劇，因爲如果我們能誠實一點，就能處理並療癒問題根源：是呀，我「感覺」這種交通狀況快把我搞死了，那就讓我找到並修復這個故障源頭的記憶吧。

記憶是心的語言

影像是共通的語言，不是文字。我們看見並詮釋一張圖的速度快如光速。相較之下，了解文字的意義則是個緩慢古老的過程。影像也是心的母語，是在細胞層次最基本的交流形式。

這也是為什麼我認為心包含右腦，因為右腦是影像和意義的所在之處。左右腦的功能已衆所周知。一九八二年，羅傑．斯佩里博士的裂腦研究為他奪得諾貝爾獎。患者癲癇發作時，甚至無法正常生活：他們吃不下、睡不著，有些人性命垂危。斯佩里博士採取激烈的手段，切斷了連接左右腦的胼胝體。他的邏輯是，如果切斷連結，癲癇發作就會停止。他是對的。胼胝體被切斷時，癲癇發作確實停止了。切斷連結也引發了一些新的問題，但整體而言，患者能過著相對正常的生活，而且肯定比之前好很多。

然後斯佩里博士意識到，左右腦胼胝體連結被切斷的這群人，在人類史上前所未見，因此他決定嘗試一系列的實驗。其中一項最著名的實驗中，他請一名飢餓的病人坐在桌前，桌上擺著一碗食物、一個湯匙。接著他請病人遮住左眼，這意味著病人將無法存取與桌上物體有關的右腦資訊；任何反應或行為將百分之百出自他的左腦。

斯佩里博士問病人在桌上看到什麼，病人說得出湯匙一詞，但再多問幾個問題之後，即可明顯發現他並不知道湯匙是什麼東西、用來做什麼，以及如何使用。然後斯佩里博士請病人遮住右眼，這樣他只能存取右腦的資料。這名病人不知道該用什麼字來描述「器皿」，而且什麼話也沒說，只是拿起湯匙便開始吃了起來。

在其他實驗中，斯佩里博士要求裂腦患者在無法使用右腦的情況下操作，他發現他們無法信任別人、無法做出睿智的判斷、無法合作（例如建立有意義的人際關係）、無法表現出恰當的言行舉止、無法運用智慧及正確的判斷力、無法感覺，甚至無法思考！他們就算餓了，也不會拿起湯匙吃東西。

既然左右腦的功能可區分，也可分開，兩者的差異顯而易見：左腦的知識是用語言傳達，是邏輯的、分析的、概念的，而且是以時間爲基礎；右腦的知識是用影像傳達，是直覺的、整體的、基於感覺的，而且是永恆的。

爲什麼我要如此詳細地介紹左右腦？因爲我們生活在一個左腦的世界。左腦的目的有點像是保齡球道的緩衝墊。當我們因爲心所顯示的影像而對情況反應過度時，左腦／意識心靈應該說：「停，那樣不對！如果出現這樣的反應，表示心裡有事情需要注意。」

雖然右腦雜亂無序，左腦卻總是腳踏實地。不能放任你的心爲所欲爲，因爲它幾乎一定含有不良的程式。同時，即使左腦／意識心靈始終都是對的（但事實並非如此），但它的力量太薄弱，無法控制心的影像。左右腦是設計來和諧運作的，有如船上的兩支槳。如果兩支槳不協調，便永遠無法正確抵達目的地。

當今神經科學的頂尖專家，南加州大學神經科學系主任教授安東尼歐．達馬西歐醫學博士曾說：「大腦在刺激與反應之間調節的迴路當中，有許多干預的步驟，但倘若這些迴路無法滿足一項基本要件，即：在內心顯示影像，以及在稱爲思考的過程中排列這些影像的能力（這些影像不僅是視覺的，也有「聲音影像」「嗅覺影像」等），大腦就不會想介入干預。」**沒有影像的思考是不可能存在的**。

還有另一件重要的事：要知道記憶和影像不只存在大腦裡，也寫在細胞中。我在《夢想密碼》引用了西南大學一項成爲全國新聞的研究。該大學的研究人員說他們已經找到病痛和疾病的根源，並稱之爲細胞記憶。根據他們的研究，細胞會在沒有大腦參與的情況下記錄自己的經歷。這些細胞記憶可能是我們是否罹患癌症、心理創傷、成癮、憂鬱症及其他病症的決定因素，而且似乎也影響了需要大腦的記憶。

與細胞記憶的觀點相關的是表觀遺傳學領域，該領域研究開啓或關閉基因的生物機制。細胞生物學家暨表觀遺傳學先鋒布魯斯．立普頓博士，在暢銷書《信念的力量》說道：「細胞像是一部攝影機，而細胞膜就像一顆鏡頭，無論環境中有什麼，它會擷取影像，並將該影像傳送至資料庫所在的細胞核。此處便是被儲存的影像之所在。」

我相信立普頓所指的「被儲存的影像」、西南大學研究人員口中的「細胞記憶」，以及達馬西歐所指的「影像」，都是同一塊蛋糕的不同切片。我則稱之爲「根源記憶」，亦即生活問題的根源。下一章將討論這些根源記憶是如何運作的。

無論喜歡與否，心都會在人生的關鍵時刻接手，而下一章節將帶你更深入了解。我們必須有意識地與本能反應合作，而不是一直試著與之抗衡。試著與我們的本性對抗，就是讓自己持續處於壓力狀態。唯一明智的解決方式，就是了解本能反應、坐在控制椅上、與它合作，而這本書將教你怎麼做。

生死反應

科學告訴我們，愛是本能，直到我們進入恐懼狀態。我們的心是一個精心調整過的儀器，被設定了生存程式，也配備了某些讓我們能迅速脫離險境的安全功能。第一種功能是生死反應，俗稱壓力反應。

幾年前，我正要從機場出關，袋子裡有一個正在測試階段的光療儀器，看上去有點像兒童的玩具木槍。即使只瞄一眼，也不會有人誤以爲它是一把眞槍，但要帶著它過安檢，還是有些緊張。

我穿過安檢，沒有人說什麼，我鬆了口氣。我還趕著搭飛機呢！繫腰帶時，我隨口說了句：「你們沒找到看起來像槍的東西。」

兩秒鐘之內，我就被六個人團團圍住。他們抓住我，把我帶進某個房間裡鎖了起來。可想而知我害怕極了。

過了漫長的二十分鐘，一名男性走了進來。

「好了，洛伊德博士，跟我說說這是怎麼一回事。」他詢問道，態度親切講理。我告訴他這個儀器的事，說我之所以沒把它放進托運行李而是隨身攜帶，是因爲不想弄丟。他們調查我的背景，徹底搜查我所有的物品，最後那名警官總結這只是一場誤會，然後說：「洛伊德博士，聽我一句勸。在任何情況下，都不要在機場說『槍』這個字。那些逮捕你的人如果聽到『槍』這個字，就必須這麼做，他們別無選擇。如果不這麼做，他們就有麻煩了。」

這很像心的運作方式。心最主要的安全功能是恐懼反應，我喜歡稱之爲「生死」反應，因爲事實就是如此。這個反應的目的是讓我們快速脫離威脅性命的危險，即使必須反應過度，好比機場那些人被訓練成一聽到「槍」這個字，就立刻衝上前。另一種做法是不往前衝，冒著有人可能被殺的風險，但這種做法一點也不值得。

倘若在目前的環境中，有樣東西看起來像是你的心會定義爲可能威脅到性命的事物，即使只是略微相似，一旦條件配對成功，你的心就會拉響內在火災警報。下視丘被啓動，生存機制接管你的想法、感覺、行動，並分泌大量的皮質醇和腎上腺素，讓身體準備逃、戰或僵。基本上，心會派遣恐懼反應小組，並命令意識心靈到角落坐著，說：「這傢伙交給我們處理。」

如果目前的情況，與無意識定義爲威脅性命的任何事物都無關，意識心靈和良心則會根據當下做的任何決定，合理地控制你的想法、感覺和行動。因爲我們有愛的本能，因此我們的想法、感覺和行動自然是正面的。（然而，你將在下一章讀到，因爲記憶劣化的緣故，現在已不再是如此。）

當生死反應開啟時，體內會大量釋出一種稱為皮質醇的壓力荷爾蒙。過度暴露在這種環境下，會產生下列臨床結果（這些結果皆有大量文獻佐證）：

- 智力降低。
- 容易生病。
- 精疲力竭。
- 抑制免疫系統。
- 疼痛加劇。
- 血壓升高。
- 關閉細胞。
- 產生恐懼、憤怒、沮喪、困擾、羞恥、價值與身分問題。

本書稍後將提到，長期處於高皮質醇分泌的狀態，最後會導致一種類似驚魂未定的狀態，人處於此狀態將無法深入體驗任何事。這是戰／逃／僵當中「僵」的部分。

處於愛的狀態時，基於愛的記憶會促使催產素和其他化學物質分泌至大腦，並出現以下結果：

- 增強人際關係。
- 提高與父母的親密關係。
- 產生愛、喜悅與平靜。
- 提升免疫功能。
- 減輕壓力。
- 降低血壓。
- 打開細胞。
- 刺激人類的生長激素。
- 調節食欲、健康的消化和代謝。
- 促進放鬆。
- 提高神經活性。

請容我舉例說明壓力反應有多重要：根據布魯斯．立普頓的研究，**壓力是讓人生病或感染疾病的唯一方式**。立普頓在史丹佛大學進行研究，確定是什麼原因導致健康的細胞生病，反之亦然。在其中一項實驗，他將癌細胞取出放入培養皿中之後，細胞就自行變健康了。經過持續的研究，他得出結論，是細胞的物理環境（即病人）導致細胞生病。經過更進一步的研究，立普頓得出以下結論：壓力是環境中關鍵性的決定因素。恐懼反應的功能有如細胞的化學「疾病開關」：倘若恐懼反應未開啓，細胞就是「打開的」，而根據立普頓的說法，也就是細胞沒有生病。

立普頓說，實際情況是九五％的疾病和病症皆由壓力引起。倘若九五％的疾病和病症是由細胞的環境所引起，那另外的五％呢？立普頓發現另外的五％是先天性的，亦即自祖先遺傳下來的基因突變。但你能猜到基因突變的原因嗎？是壓力。根據立普頓的說法，壓力是一開始遺傳疾病的基因之所以暴露的原因。他的結論是，幾乎百分之百的疾病和病症都來自壓力。他說，壓力來自錯誤的內在信念；我的說法是，這些錯誤的內在信念來自記憶中的錯誤。

那麼，疾病和病症是先天遺傳或後天教養的結果？答案爲兩者皆是。但此處提到的「後天教養」或環境，並不是營養、乾淨的空氣或其他任何外在特徵。關鍵問題是內在壓力。如果有壓力，細胞就會生病，因爲**壓力的第一個反應，就是關閉免疫系統**。

這是我堅持將恐懼或壓力反應稱爲「生死」反應的另一個原因。這不僅表示有個記憶正在告訴你，環境正在害死你，而且壓力反應真的會害死你，雖然速度緩慢、歷時久遠，卻無法避免。

你之所以有免疫系統是有原因的。免疫系統應該要代替你工作！如果不重新打開免疫系統，你就可能會吃著最清淨的飲食，住在地球上最純淨的環境裡，卻依然無法避開每一個威脅。

根據立普頓的研究，**如果沒有壓力，免疫系統就會處於全面運作的狀態，細胞也能抵抗並療癒任何疾病或病症，甚至癌症**。

這似乎導向一個驚人的結論：療癒壓力是最好的預防藥物，而且完全免費，隨時提供每個人使用。這項研究已存在數十年，那爲什麼世界各地的每一所公立學校和大學都沒有教導這個觀念呢？

如果壓力會關閉免疫系統，那麼什麼能關閉壓力？立普頓相信，壓力的來源是我們的信念，但如你所知，我認爲壓力的來源比信念更深層，也就是我們的根源記憶。我們會累積關於某件事的記憶，而每個信念都是我們對這些記憶的詮釋，負面記憶則具有更強大的影響力。因此，對於特定的某件事，即使有九九％的正面或中立的記憶，但如果在經歷某件事時，體內大量分泌腎上腺素，便很容易產生與那件事有關的負面「信念」。這麼說來，我們似乎成了自己記憶的奴隸，但不必擔心：我們能療癒、消除這些記憶。做法將於本書第二部說明。

心理適應

好消息是，即使長期處於壓力下，我們天生就有一個很棒的安全功能，稱爲「心理適應」。這項機制幾乎能幫助我們積極適應任何情況。幾年前，我看了一部紀錄片，提到一項針對兩組人進行的研究：第一組人剛贏得樂透，一夕之間成爲百萬富翁；第二組人則剛發生災難性事故，變成終身殘廢。

兩組人都接受了各種生理和情緒測試。研究一開始，從各項衡量標準來看，無論在生理或非生理方面，樂透組都比另一組人快樂許多，而且差距極大，差不多就是你能想像的那樣。等六個月後再次進行測試時，兩組人幾乎沒有差別。這項實驗的參加者多數回復至原本的快樂狀態，無論在中樂透或喪失肢體功能等改變人生的事件之前，一般而言他們屬於快樂或不快樂的人。儘管境遇遭逢巨變，如今身處的環境大相逕庭，兩組人大致上都適應了新的情況。整體上，癱瘓組對自己的生活跟樂透組一樣快樂、滿意。事情發生六個月後，決定他們快樂程度的原因，與事件本身毫無關係，而是與他們在事發之前的快樂程度密切相關。如果這項指標還不夠明確，仍不足以說明幸福並非由外在因素決定，那我就不知道還有什麼可以證明了！原因就是心理適應。

我曾親眼見過這種事發生。高中時期，我的網球雙打搭檔遭遇一起悲慘的車禍事故，之後癱瘓。他一度想自我了結。但隨著時間流逝，他告訴願意聆聽的人，癱瘓其實是發生在他身上最美好的事，因爲這件事迫使他反求諸己，而非向外求。之後他將自身的經歷寫成了一本書。

心理適應是人類的設計當中最不可思議的傑作。**只要找到合理的內在平衡，內心就能恢復，無論發生任何情況，幾乎都會「沒事」**。當然，我們都知道有許多人無法恢復。爲什麼？根據我的經驗，如果有太多被誤貼爲「生死」標籤的記憶，恐懼或戰或逃就會是自然的狀態，心理適應便無法發揮作用。好消息是，無論處於何種情況，仍有可能改變這些記憶的標籤，進而恢復心理適應發揮作用所需的內在平衡。你將在本書第二部讀到，記憶工程可以療癒這些記憶，也能讓心理適應按照原本設計的方式再次啓動。

與人建立親密關係是我們的天性

在討論了人體與生俱有的快樂機制之後，你可能會想：如果快樂是我們的天性，那爲什麼我們不快樂呢？

愛是我們的天性；建立親密、友好的關係，也是我們的天性。哈佛大學人類發展格蘭特研究，是史上歷時最長的人類發展縱向研究，該研究主任喬治·維蘭特醫學博士總結研究發現如下：「格蘭特研究歷時七十五年，耗費兩千萬美元，一切全指向直截了當的五字結論：**快樂等於愛**。沒了。此處的愛指的是親密關係。」

親密關係也直接影響我們的健康。根據《今日美國》報導的一項研究，擁有親密關係的人身體健康的可能性，比人際關係衝突的人高三倍，反之亦然：人際關係衝突的人感染病症與罹患疾病的可能性，也比擁有親密關係的人高三倍，甚至可能更早死亡。換句話說，是否有愛，眞的會置人於死。

這些數字說明了什麼？嗯，好幾件事。許多時候，我們會發現在自己身處的人際關係中，有人無法或不願用純粹的愛來面對我們，他們通常並無惡意，但這種愛是我們應得的。我認爲「傷人者必曾受傷」這句老話，可解釋爲什麼並非所有人都活在愛的狀態中。有些人的行爲會造成我們痛苦或創傷，即使他們並非有意如此，但太常接觸這些人，也會引發我們的心拉響火災警報，導致我們被踢出以愛爲天性的正向預設狀態，轉而進入恐懼反應。之前提過，這種反應不僅影響心理，也影響生理。這成爲我們應對這個世界的方式，而這麼做不僅讓我們在生活中強化了這種行爲，也傳遞給與我們互動的人。

這種情況在剛出生的前幾年更是如此，著名的面無表情實驗說明了這一點。實驗中，愛德華．特羅尼克博士安排小嬰兒與母親面對面坐著。一開始母親先對小嬰兒表現出極大的熱情，積極回應寶寶的一切行爲。小嬰兒也非常積極地回應。接著母親別過臉去一會兒，等她回過頭來面對寶寶時，臉上卻毫無表情。寶寶試著向母親伸手，喊叫著要母親回應，母親卻仍舊毫無反應時，寶寶很快就變得焦躁不安。

年齡漸長的我們也一樣。舉個膚淺的例子：假設搭機時，坐在你旁邊的陌生人整趟航程都不曾與你有過目光接觸，也沒跟你打招呼，你感覺如何？當他看著你的眼睛微笑，並向你自我介紹時，你又感覺如何？即使接下來的整趟航程，他都在看書或打電話，但他友好的舉動，是否讓這次經驗的感覺完全不同了呢？

有了人際關係，我們的經驗和記憶才有意義。即使我們很少這麼想，但除了環境危險，人際關係問題確實攸關生死。

外在與內在的兩大法則

與兩個不同的腦波階段（貝塔前和貝塔後）一樣，我們心中也預設了兩項幾乎截然相反的「法則」。但它們的存在是有原因的，也肩負著重責大任。

第一項法則是「外在法則」。外在法則說外在因素是生活中最重要的事物，從生死存亡開始，一路延伸到讓我們的物質生活更舒適、更愉快的任何外在事物上。外在法則說我們需要物質事物才能生存、繁榮，也說快樂來自所擁有的東西、工作頭銜、金錢、控管他人的權力。這條法則導致人們強烈要求「現在就要」。

首要之務是獲取對自己最有利的最終結果，即使這意味著其他人必須蒙受損失或受到傷害。外在法則優先考慮自己而非他人的需求，重視自我保護更勝於人際關係，過的是尋求快樂、避免痛苦的生活，而主導的動機是**利己**。

我們的每個內在機制都有正面的功能，包括外在法則。在六到十二歲期間，兒童主要依照這項法則運作。這個年紀的兒童確實容易遭遇不測，而且一天當中經常險象環生。

然而，意識心靈發展於六到十二歲的某個時間點，此時應該切換至心中設定好的第二項法則，亦即「內在法則」。

內在法則說道，無論外在環境如何，維持愛、喜悅、平靜的內在狀態，而非恐懼，才是最重要的事。它能讓人做正確的事，無論短期內是否有利於自己，有時甚至會帶給人痛苦，只因爲這麼做才是對的。這表示優先考慮正面的過程，而非有利的結果。不過結果顯示，通常當所有人都感覺良好，也感覺自己受到支持時，反而可以同時兼顧過程與結果。內在法則說快樂來自內心，來自在世界上做好事，以及讓與你互動的每個人生活得更美好。主導的動機是**愛**。

內在法則是意識的本能。我喜歡把它想成是「愛的羅盤」。它是我們的一部分，透過愛的鏡頭告訴我們最佳的行動方針，並透過信念、想法、感覺、大腦化學和行動，讓我們有能力採取最佳行動。換句話說，這項法則說的是：現在就去做對每個人都是正確和最好的事，無論這麼做是否會爲自己帶來痛苦、喜悅，或兩者皆非。

在心靈成長領域有一名當代的思想巨擘教導：「生活的祕訣在於利己。」這句話看似正確，但事實是，利己只是死亡的祕訣。

記得大腦的化學是如何運作的：利己根植於我們的生存本能，而生存本能根植於恐懼，並導致第50頁清單中的所有負面結果。

外在法則堅持只能有一位贏家，也就是「我」。在這種想法的指引下，我一定能得到想要的，一分也不能少，那麼我也許不會想方設法阻止他人獲勝，甚至還可能很高興見到他人獲勝；如果不能得到想要的，那麼我可能就不再照顧他人，至少得等到我能重回舒適圈為止。如果每個人都按照內在法則生活，就能解決現今困擾我們的許多嚴重社會問題。我相信許多最糟糕的問題起因為自私的體制。當然，最大的諷刺在於，根據哈佛大學格蘭特研究，體驗內在愛的狀態，是唯一能讓人眞正長期感到滿足的事物，而不是外在法則優先考慮的物質和膚淺的事物。

內在法則的目的，是指導你盡最大努力，為相關各方打造「三贏」的局面：

第一位贏家是直接涉及到的其他人。

第二位贏家是可能受影響的外圍人員。

第三位贏家是你。

沒錯，你是最後一位贏家，不是第一位，也不是第二位。在確定其他人都能獲勝之前，你是不會獲勝的。內在法則意味著要終止逃避痛苦、追求快樂的循環，說：「可惡，我要做對的事，要做合乎道德的事，要做對大眾最有利的事。」所有人都能獲利，但之所以這麼做，是因為你在生活中會先考慮他人的利益，然後才是自己的利益。

人類天生需要人際關係。外在法則通常考慮的是外在環境與自己的關係，或其他人是否會影響我得到我想要的東西。內在法則是考慮所有人際關係，包括自己、認識的人，甚至是和不認識的人的關係。

如果現在面臨危及生命的危機，就必須暫停內在法則。置身險地時，確實需要照顧好自己，否則將無法創造三贏的局面。確切來說，身處危機時優先考慮自己，往往才是為他人所做最有愛的事，因為長遠來看，這麼做是在使自己更有能力幫助他人。但是，如果並未陷入危機，那麼前兩位贏家必須是別人。除非別人贏了，否則勝利不會屬於你。

兒童如何自然而然地從外在法則轉向內在法則？記得，內在法則跟外在法則一樣，早已設定在我們心中。處於德爾塔／西塔腦波狀態時，雖然良心確實存在，但主要是按照外在法則運作，此時的腦波狀態保護兒童不受恐懼的壓力影響。同時，理想情況下，父母是按照內在法則運作，對兒童傾注愛：正面經驗和負面經驗的比例是十比一。兒童做錯事或做了某件有害的事情時，會接受清楚的後果，但這些後果是出於愛而施予，而不是憤怒或嚴厲。

如果兒童持續看見有人示範內在法則，就能在進入成年期之前的某個時間點，自然而然地順利切換至內在法則。而且不需要有人教導，就能在心靈和精神層面自然地轉變成重視三贏，而不是只重視個人勝利，也會優先考慮內在。

然而，如果他人並未按照內在法則對待我們，或如果角色模範並未經常展現內在法則的特質，我們就會遇到十字路口或路途中的岔路，通往以外在法則主導決策的生活，或通往內在法則。這兩條法則導致截然不同的生活方式：一條通往快樂，無論環境如何；另一條直接通往持續的不安全感，無論環境如何。這兩種路徑將於第四章進行更深入的探討。

總之，人體原本的設計是要運作順暢，甚至奇蹟般地運作，如果每項人體機制都發揮正常作用，就像一輛車、一艘船、一部電腦或其他任何複雜的系統。我有個朋友是醫師，也是遺傳學研究員，他告訴我，如果人體大多時候在沒有壓力的狀態下運作（這也是人體該有的方式），按照原本的設計，應該可以活到一百二十歲左右，且大多時候都維持健康狀態。這對你、對我、對你堂哥比利、對排隊結帳的那位女士、對你在高速公路上開車經過的那個人來說，都是如此：每個人原本就應該能夠健健康康地活到一百二十歲。

倘若按照原本設定的方式運作，人體設計中內建的所有功能，在絕大多數時間，我們的想法、感覺和信念應該都是由愛、喜悅和平靜所組成。無論發生什麼事，我們都有個基本信念，相信自己是好人。雖不比任何人好，也不比任何人差，但都是很棒的人。我們能輕易提取意識中愛的規則，知道如何創造良善、親密的人際關係，做出三贏的決定。每次做錯事，我們會說「對不起」，承認錯在自己，化解不愉快的氣氛，並盡一切可能彌補，之後再重新來過。

所有人都曾在生活中經歷痛苦，此時可能會感到失望、受傷或悲傷，但不會因為壓力或絕望而一蹶不振。如果身陷眞正危及性命的處境，下視丘就會開啓生或死的生存反應，在危機解除前主導大局。之後因爲心理適應的機制，我們將再次回歸愛、喜悅與平靜的正常狀態，活到大約一百二十歲，且大多時候都很健康。

以上是我過去三十多年來，在治療病人的過程中悟出的道理。這觀念已獲得科學驗證，而且其中大多已是舊聞。當身心靈按照原本設計的方式相互和諧運作，將創造出美妙無比的情況，甚至創造奇蹟。

當痛苦不再是問題

但是，我必須澄清一個重點。當我說人體的預設值爲正向時，說的並不是一個全然無痛苦的生活。

今天，痛苦管理是高達六千三百五十億美元的產業，而且似乎仍在成長。原因何在？因爲痛苦需要有反應。

這些痛苦大部分來自記憶創造出來的錯覺。我們能在本書中一起療癒這些記憶與錯覺。我本想說有一條通往「完美生活」的路徑，但我不打算這麼說，因爲如果用「完美」一詞，我擔心你會有個印象，以爲意思是永遠沒有健康問題或痛苦的生活，這絕對不是我的意思。你有痛苦，我有痛苦，亞伯拉罕．林肯有痛苦，電影明星有痛苦，每個人都有痛苦。痛苦不是意外，不是缺點，不是錯誤。痛苦未必就表示有哪裡不對。有時痛苦是通往人生下一階段的路徑。存在的，與其說是完美生活，不如說是最好的生活，是藉由痛苦體驗愛、喜悅與平靜的生活，但這種生活未必沒有痛苦。無論如何，你的身體狀況和外在環境通常眞的會變好，而且往往超乎想像。為什麼？因爲你的故障修好了。

多年前有人告訴我，佛洛依德說：「理想主義是人類所有痛苦的起因。」我不是佛洛依德的信徒，但我認爲這一點他說得對極了。理想主義是比較與期望的結合。理想主義源自外在的最終結果目標，是拿自己和他人比較。在這種比較的基礎上，需要某種結果才會覺得自己很好。第四章也將更深入討論這一點。

對未來最好的事，未必就是你現在認爲的事。過去二十年來，我曾與幾位家財萬貫的知名人士合作。十個人當中，只有一位同時富有又快樂，其他九位都是富有卻充滿焦慮與壓力。對於這些人，多數人的認知是：要是我有他們所擁有的，我就會非常快樂。期待生活必須符合某種樣貌，眞的會要了你的命，但更嚴重的是，那些對於美好生活樣貌的期待，幾乎總是錯誤的。對那十分之一的人而言，成爲有名、有錢的音樂家，可能是最棒的生活，但對另外那十分之九的人而言，成爲律師或會計師，甚至只是在心裡用更好的方式應付生活，可能就已經算是過得更好了。或者最好的可能是，在名利雙收的同時，仍然活在愛中，而不是活在恐懼中。我在那十分之一的人身上找到的共通點是，他們其實不大在乎名利，只是熱愛音樂。

對多數人來說，找到完美的生活是一趟旅程，但我們最後卻無法抵達自己想去的地方。

你是走在絕佳生活的道路上，還是走在恐懼、焦慮與壓力的道路上？

兩條路都有痛苦。但在其中一條路上，一切的痛苦都有意義，例如生產的痛苦。在另一條路上，痛苦變成潰爛的膿瘡和感染，最糟的是還毫無意義可言。

再次回想你上次過得很糟的一天，以及那天過得很糟的原因。也許你經歷了一生中最嚴重的生理疼痛，或承受了最嚴重的情感創傷。也許是最想去的大學沒錄取你，或升職的人不是你，而你本想升職後就能做自己想做的事。也許有人傷害了你，或者大多時候，可能沒有什麼特別嚴重的事，你純粹只是想得到自己沒有的東西。

要是在不改變真實事件的前提下，能把糟糕的一天轉變成美好的一天，或至少變成差強人意的一天，你覺得如何？讓餘生中幾乎所有糟糕的日子都變成不是糟糕的日子，價值多少呢？

我說的不是某種難以實現的美夢，不是「一百萬美元現在正在送來的路上」這種無意識不相信的肯定句。我說的是「沒什麼大不了的，我很好！」或「這真是要命的痛，但我會沒事的！」這種自動的、預設的、真實的、輕鬆的反應。

這是否表示你將不再感到痛苦？不是，痛苦依然存在。

這是否表示對你刻薄、卑鄙的那個人現在善待你了？不是，他們還是很刻薄、很卑鄙。

這是否表示你莫名其妙就考上那所大學，或得到那份工作？不是，這種事也不會發生。

這是否表示你現在有錢或有名了？不是。

這是否表示如果你有錢又有名，你的下一首歌或下一部電影保證熱賣？不可能。這表示儘管痛苦存在，你心中仍有愛、喜悅、平靜與正向自我價值的想法和感覺。這表示你認爲「沒錯，這很傷人，但今天並不糟，我會沒事的」。或者那是一次罕見的災難性痛苦事件，你確實、也應該感到崩潰，但也知道終究會恢復、會沒事的，而你也確實如此。最大的改變將是，原本「帶著壓力度過」的日子，現在變成很棒的一天，而且外在情況並未改變！

痛苦不再是問題；確切地說，現在痛苦是通往成長、更偉大的意義和人生使命的大門，從而帶來更偉大的體驗。

認爲樂趣一定是正面的，痛苦一定是負面的，這種信念完全錯誤。痛苦往往是可能發生在我們身上最棒的事，而錯誤的樂趣反而會毀了我們。

我可以向你保證一件事：**當你學會切斷痛苦與恐懼的連結，當你能體驗生理痛苦而不陷入憂慮或恐慌，你的生活將感覺像是在公園裡散步**。我敢擔保。

我們的預設經驗如果按照原本設計的方式運作，應該是正面的，而且在身心靈方面皆應如此。然而，堵塞、破損、短缺，卻可能大幅影響我們能否眞正體驗這種預設狀態。心臟的功能是將血液有效地輸送到全身；當心臟不這麼做時，便稱爲故障。肌肉的功能是讓我們容易四處活動；當肌肉不這麼做時，便稱爲故障。免疫系統的功能是用來識別對健康的威脅，並在細胞層次摧毀它們；當免疫系統不這麼做，或者當它對一個不具威脅性的實體反應過度時，便稱爲故障。

現在該承認我們的心理過程也是如此了。大腦下視丘的功能，是只在處於危及生命的情況下才開啓壓力反應。當下視丘在性命並未遭受威脅時開啓壓力反應，就是故障。

我相信這種故障的源頭在我們的記憶中。

所以讓我們更深入了解最初是如何創造記憶的。

第二章

製造記憶

記憶是最嚴重的問題根源，這可能令人難以置信。你現在的工作表現、健康問題或人際關係問題，怎麼可能是很久以前某些事的記憶所造成的結果？

根據記憶研究員茱利亞．蕭博士的說法，「我們在定義自己時，可能會考慮性別、種族、年齡、職業和已取得的成就標誌，例如教育、購屋、結婚、生子或退休。另外也可能考慮個性特質，例如偏樂觀或悲觀、風趣或嚴肅、自私或無私。除此之外，我們也可能考慮自己跟別人比起來如何。然而，雖然以上種種描述或多或少都能定義你是誰，但『你』的眞正根源幾乎一定存在於你的個人記憶。」

如果記憶定義了我們是誰，也是我們故障的根本原因，那麼記憶是如何運作的就更值得深入了解。

雖然心理學領域始終明白我們目前的問題可追溯至記憶，但關於記憶的科學研究卻相對較新。在這一章，想分享我對記憶是如何運作的理論，根據的是我三十年來的諮商經驗、個人調查與研究、自身經驗，以及科學證據。

茱利亞．蕭所說的個人記憶，我稱之爲根源記憶。它們是我們儲存在心中的影像，而且很容易出現影響一生的錯誤（將於後面章節提到）。根源記憶可藉由稍後提到的記憶工程方法來療癒。

來自親身經歷的記憶

幾年前，我和家人去了一趟大峽谷。我記得當所有人都走到觀景點，開始欣賞風景時，發生了以下事件。首先，我接收到來自五種感官的數據：我看見峽谷的顏色和深度，聽見老鷹的啼鳴聲和家人的腳步聲，感覺到吹過手臂的涼風等。我內心感到敬畏、驚奇。接下來，我想：哇，眞是百聞不如一見吶。最後，我把心中的想法說出來：「哇，眞是百聞不如一見吶！」

這個記憶很容易理解，對吧？這就是所有人每天體驗生活的方式：我們看見（例如，用五感體驗）、感覺、思考，然後行動。我們的記憶是用五感「看見」而產生的。

許多人相信，親身經歷的記憶就像錄下周遭世界的錄影帶。我們用五感體驗了某件事，以記憶的形式準確錄下發生的事情。當我們想起那次的經驗時，看見的正是當時發生的事。但根據最新研究，記憶根本不是這樣形成的。確切來說，現在有許多研究員表示，把記憶稱爲錯覺才是更準確的說法，甚至連我們自己的經驗都是錯覺。

爲什麼？因爲你看見的不只是來自五感的客觀資料。**肉眼所見的一切（以及其他所有感官體驗到的一切），都會先經由已存在的記憶鏡頭過濾**。

那麼，我們是如何看見的？再次借用電腦來比喻。我們的程式在出生前就寫好了。大多數人一出生就知道怎麼呼吸，也知道要哭鬧到有人餵食和照顧爲止。我們也預先下載了細胞記憶，但這方面的內容稍後才會在本章加以介紹。

然後，等一出生，開始親身體驗這個世界之後，數據便透過感官，以快如光速的速度傳輸，每秒十八萬六千英里。這種數據的傳輸方式不像錄影帶，而是以電脈衝和化學脈衝的方式，先快速通過已經存在、數量可能高達數兆的記憶。（最新發現，大腦的記憶容量約爲一千萬億個位元組，幾乎相當於整個網際網路的大小。）只要之前的記憶有著與當前情況類似的數據，尤其是危及生命的記憶（之後會再提到這種記憶），即使只是略爲雷同，都會被優先考慮。

這些脈衝一旦經過上述記憶過濾，無意識心靈就會收集所有數據，創造出一個內在圖像或影像成品，這就是我們的「新記憶」。這就是我們「看見」的東西，引發感覺、想法、體內的化學反應，也導致我們採取行動。比起錄製的影像，我們的記憶更像是被修圖過的檔案，而且這一切幾乎都是同時、自動、持續不斷地發生。

這意味著由此生成的影像或圖片（稱之爲記憶），經常不同於實際發生的事件。確切地說，差異度從一％到九九％都有可能。

舉個例子，再更深入探討那次前往大峽谷的經驗。我之前對大峽谷的記憶（內在影像）是在《國家地理》雜誌上看到的圖片，或許再加上一些根據其他雜誌的圖片和別人告訴我的內容，想像大峽谷可能有哪些景致的影像。那些影像成爲「鏡頭」，而我則透過這些鏡頭接收眞實大峽谷的感官數據。我之前僅根據雜誌圖片和自己的想像感受類似的數據，而眞正的數據更美麗、更令人敬畏，遠超過之前存在的內在影像，因此我的情緒反應是景色眞美、令人心生敬畏，而依此萌生的想法、體內出現的化學反應，以及所採取的行動，都與這個反應一致。

我最近和家人聊到一同前往大峽谷的那次旅遊，兒子哈利說：「我對大峽谷的記憶是嘔吐！」我忘了在那次旅行期間，我們曾搭乘一趟直昇機，結果哈利暈機了。我們都體驗到同樣的感官數據：看見峽谷、聽見聲音、搭乘直昇機。可是，我們三人對大峽谷最主要的記憶是美與敬畏，但對哈利可就截然不同了！

史蒂芬．平克在《現在啓蒙》（*Enlightenment Now*）中解釋了一個已得到充分調查研究的現象，稱爲「可得性捷思法」，有時亦稱爲可得性偏誤，意思是越容易想到的事實或情況，就越可能相信它會發生。

「頻繁事件會留下更深刻的記憶痕跡，因此印象更深刻的記憶通常表示更頻繁的事件……但每當某個記憶因頻率以外的原因，例如最近剛發生、印象還很鮮明、血腥暴力、與衆不同或令人心煩等，而出現在心智搜尋引擎結果清單的前幾項，人們便會高估這件事在眞實世界發生的可能性。」

例如，平克注意到，由於媒體更常報導空難事件，因此害怕搭飛機的人比害怕開車的人還多，即使統計數據顯示，車禍致死的可能性遠高於飛機失事。這就是可得性捷思法的影響。

決定記憶可得性的，是記憶的鮮明程度，其決定因素有下列幾項。

恐懼因素

再更進一步探討大峽谷的例子。要是我初次前往大峽谷，是參加學校旅行，期間還目睹了一場可怕的意外：班上有個同學靠在圍欄上，結果圍欄斷了，他摔出去跌斷腿。情況又會如何？

成年後，我和家人一同前往大峽谷的經驗會很不一樣，對吧？經由五感傳輸的數據可能是一樣的，但看到的事物會有所不同。例如，在第一種情況中，我不大記得內人或兒子是否曾靠近或靠在圍欄上。（我甚至不記得哈利搭直昇機暈機！）我全神貫注欣賞大峽谷，因爲沒有理由不這麼做。

但在第二種情況中，我可能會看見小兒子跑向圍欄，完全不顧慮安全，但另一名觀察者可能會說他只是腳步快了些，而且離峽谷邊緣還有一大段距離。

在第一種情況中令我心生敬畏的感官數據，在第二種情況中可能會令我感到恐懼。我會想起班上同學從懸崖邊摔下去，於是大喊：「離圍欄遠一點！」同時跑向兒子，可能還會一把抓住他的手臂把他往後拉。

每當感受到恐懼的情緒，體內就會充滿腎上腺素、皮質醇和大量其他戰或逃的化學物質。這一般稱爲恐懼反應或壓力反應，本書則稱之爲生死反應，因爲正如所見，這種反應最初的目的是拯救我們的性命。

生理的生死反應已證實能使記憶變得更鮮明、更具影響力。**在某次事件中感受到的恐懼（和腎上腺素）越多，那件事就會越鮮明，將來就越有可能成爲你看待類似情況的鏡頭。**

確切來說，由於負向偏誤的緣故，在一般情況下，負面記憶往往更加鮮明。「在我們心裡，壞事比好事更爲醒目，」身兼腦科學家的作家傑夫．史帝貝爾說：「人類之所以如此演化，因爲注意潛在的危險是生存的必要條件。」這就是爲什麼哈利對嘔吐的記憶比峽谷的美更深刻。

然而，「更鮮明」或「更具影響力」未必就等於「更正確」。在《記憶錯覺》（*The Memory Illusion*）一書中，記憶研究員茱利亞．蕭博士詳述錯誤和誤解可能被置入記憶中的多種方式，也提到確定自己記得某件事，但這件事其實從未發生過，或至少從未親眼目睹過的機率有多高。

根據蕭博士的說法，湯瑪斯．席林偕同在德國特里爾大學的同事，於二〇一三年發表了一項關於壓力如何影響記憶的研究。他們發現，皮質醇的分泌會使記憶更深刻，但也更容易出錯。她舉目擊銀行搶案爲例：目擊者可能清楚記得有一把槍指著自己，卻不大可能記得其他重要細節，例如持槍者的長相。

更糟的是，不同於其他記憶的是，創傷記憶往往會隨著時間而惡化，到最後人們記得自己經歷的創傷比實際狀況更嚴重。在一項研究中，研究員在兩個不同的時間點，詢問波灣戰爭的老兵服役期間的具體情況，分別是在他們返國的一個月後和兩年後。結果顯示，八八％的老兵至少更改了一個答案，而六一％的老兵則更改了不只一個答案，其中大多數人記得的負面事件比第一次多。

這就是爲什麼許多研究員說，所謂的記憶其實更像錯覺。這也就是爲什麼當美國聯邦調查局探員後來訊問目睹同樣罪行的四人時，每個人描述的情景都有些不同。當然，在他們的陳述中，仍有某些相同之處，但這些探員知道每個人描述自己看見的情景都不大一樣。確切地說，如果這四人對某件尚未破案的罪行說法和用詞完全相同，這些探員（他們顯然比大多數人稍微更了解記憶錯誤）肯定會懷疑其中有人在說謊。

童年早期

除了負面記憶之外，童年早期留下的記憶也優先於之後的記憶（即使我們對這些記憶毫無印象），因爲這些記憶通常伴隨著更多的腎上腺素，也幾乎不會經過理性思考的剪輯。我們何時經歷過跟童年時期一樣強烈的事情？如第一章討論，直到六到十二歲左右，我們主要處於德爾塔／西塔腦波狀態。這表示無論我們是否正確詮釋當時發生的事，大部分的經驗都會立刻成爲根源記憶。

你或許已能猜到，有多少錯誤程式在童年早期被牢牢寫進我們的記憶裡，而兒時的我們又多常把某個經歷當成創傷。但如果是成年後才經歷這件事，可能不會有太大的影響，或根本毫無影響。我稱這些事件爲「冰棒記憶」，並將於下一章對此進行更詳盡的討論。

來自想像的記憶

除了親身經歷之外，我們還會發揮想像力創造根源記憶。想像力（我稱之爲影像製造機）能創造出跟親身經歷一樣強大的記憶。別忘了，德語對「想像力」一詞的第二個定義是創造。

舉個例子。我兒子哈利小時候最喜歡做的事就是游泳。他是那種大概兩三歲大時，只要看見游泳池、湖泊或海洋，就算穿著衣服也會跳進水裡的孩子。有一次我們在奧普瑞蘭酒店觀看聖誕燈時，他就在冷冽的寒冬中跳進水裡。內人不得不穿著衣服跟著他跳進去。

這是在哈利看《大白鯊》電影之前的事。他看這部電影的那個週末，我們到湖邊旅行，這趟旅遊已經規畫了好一陣子。突然間，他卻一點也不想去了。等到了那裡，他卻一步也不肯靠近湖邊，顯然身體也承受著極大的壓力：他的臉部漲紅，看得出來極度焦躁不安。

水沒變，哈利在水中的經驗也沒變。他一向玩水玩得很開心！唯一變的，就是他看了一部電影，現在有了以這部電影爲基礎的記憶，而這個記憶告訴他：「水會殺死你，血濺得到處都是。你會被扯開，你會尖叫，會很恐怖。」

哈利從未把對水的新恐懼和《大白鯊》電影聯想在一起。其實，他還試圖合理化自己的行爲，說這只是因爲他現在知道水不安全了。據我們所知，他在看那部電影之前從未想過水安不安全的問題。

這個記憶完全改變了水對他的意義。只要想到水，就會立刻影響他的生理、化學和行爲。

你或許可以在生活中想到類似的例子。來自電影和影像製造機的記憶所具有的影響力之大，可能和我們經歷的任何事一樣。

最近的研究也顯示，單憑想像就能產生虛假的記憶，而且對人的影響力跟眞實發生過的事件相同。一則有名的例子是由華盛頓大學的記憶研究員艾拉·海曼和喬爾·彭特蘭所執行的「弄灑潘趣酒碗」實驗。他們詢問實驗對象對兒時經驗的記憶有多深刻，得到的回答是父母提過的才記得。

兩名研究員提供實驗對象每件事大概的資訊，然後請他們栩栩如生地想像這件事，再告訴研究員看見的所有細節。這些事件大多數都實際發生過，只有一件事例外：五歲時在父母朋友的婚禮弄灑了潘趣酒碗。

每隔一週拜訪三次後，發現參與實驗的人當中，二五％的人在心裡將弄灑潘趣碗的虛假記憶信以爲眞。

正如茱利亞・蕭所說：「這證明我們會錯誤歸因兒時記憶的來源，誤以爲想像的事確實發生過，並內化他人對我們暗示的資訊，把它當成過往經歷的一部分。這是虛構錯誤記憶的極端形式，而他人可藉由激發你的想像力來誘導出這種記憶。」

在一九七〇和八〇年代，接受諮商的病患開始記起之前從未想起的各種虐待行爲。當時的心理學家越來越注意到兒童遭受性虐待的事實，而立意良善的治療師有時會反覆詢問：「你確定小時候沒人亂摸你？你符合所有症狀，這可以解釋一切。」患者的心智自然會開始想像那種情景會是什麼樣子，然後突然間，患者開始栩栩如生地憶起自己受虐的例子。這些記憶有些是眞實的，也提供了重要的突破，使療癒得以發生。但在許多情況下，事後證明他們正在「恢復」的記憶，其實是自己想像出來、是因爲治療者提問而誘導出的記憶。

來自前幾代的記憶

最後也是最有意思的記憶領域之一，是一個才開始爲人所知的現象。近年來的研究顯示，記憶，尤其是創傷記憶，居然能藉由天性（基因）和教養（吸收或學習來自父母或童年環境的記憶）代代相傳。

先從教養方面說起。我們或許都能想到一些因為看見父母害怕某些事，自己也跟著害怕的例子。瑞秋．葉胡達博士的開創性研究證實許多人的猜測是正確的。她的研究顯示，猶太大屠殺倖存者的後代改變了壓力荷爾蒙，導致他們更容易罹患焦慮症、創傷後壓力症候群和肥胖症等風險。這些創傷記憶及其症狀以某種方式傳給了下一代。

怎麼會這樣？其他以老鼠為實驗對象的研究顯示，母鼠會傳遞一種特殊的氣味，而這種氣味會傳遞特定的恐懼記憶。側杏仁核是大腦接收「經由氣味傳遞恐懼」的特定部位，而嬰兒很早便從母親身上接收這種資訊，即使是關於母親在懷孕期間發生的事。密西根大學首席研究員亞切克．德比克醫學博士說：「母親傳遞的記憶歷久不衰，而其他類型的嬰兒學習如未重複，則會迅速消逝。」

除了教養因素之外，研究也顯示遺傳記憶方面的天性因素。埃默里大學的研究員發現，創傷經驗可經由DNA在老鼠身上遺傳。其他關於老鼠的研究，顯示DNA如何接收與父親的創傷有關的資訊：特定細胞排出一種附著於精子上的「細胞外囊泡」，傳遞與父親擁有的任何創傷記憶有關的資訊。該研究顯示，體外受精的子女不必與父親有任何肢體接觸，也能接收到他的創傷記憶。

雖然類似的研究才剛開始探討壓力對人類精子的影響，但上述研究卻暗示我們可能經歷了某些事的創傷症狀，只是這些事並未發生在我們身上，而是發生在上一代的人身上，即使我們從未親身接觸過他們。

這個領域的新研究不斷出現。例如，二〇一九年，特拉維夫大學的研究員發現RNA（核醣核酸）分子，可向後代發送適應或故障指令，而這些信號可影響幾種不同的生理過程。這是前幾代的人在生理層面傳遞經驗的另一種方式。根據《耶路撒冷郵報》報導，「（首席研究員歐戴德）雷查維說：這些發現，與現代生物學最基本的一項法則相互矛盾。長久以來，人們普遍認爲大腦活動對後代的命運並無任何影響。」

我們仍不知道如何辨識或區分這些遺傳性的創傷記憶，但根據這份研究，我們很可能有這些記憶。如果這些記憶眞的存在，便極可能不會隨著時間的流逝而消失，因爲我們也知道比起其他記憶，創傷記憶受到更大的保護。

我的好友兼同事朵莉思·瑞普是公認的世界兒童環境醫學先驅。幾年前，她跟我分享了一個概念，我一直沿用至今。提到如何處理壓力時，她說每個人就像有個「壓力桶」。一旦壓力桶滿了，連最小的壓力也可能引發極大的反應。重要的是，要盡可能讓壓力桶維持在空無一物的狀態。

可以確定的是，這些遺傳而來的創傷記憶，絕對正在塡滿至少一部分的壓力桶，即使我們不知道這些特定的記憶是什麼。要讓這些記憶維持在受保護和壓抑的狀態，會消耗心智和免疫系統極大的能量，而這些能量原本可用來，比方說讓一天過得更有效率、展現積極的情緒，或平衡大腦化學。

詮釋是記憶的一部分

除了對事件的記憶（這個記憶本身可能是不準確的），對事件的詮釋則是影響記憶的另一因素。

我常對患者做以下說明：將記憶的組織方式想成歸檔系統。每個記憶上面都有一個標籤或標記，就像檔案夾上的標籤。沒有記憶獨自懸浮在半空中；每個記憶都有一個標籤。在你的電腦裡，可能會有標示著水電、雜貨或維修等標籤的檔案。你可以毫不費力地到標示著公共事業的文件夾，找出水電的所有檔案。每份檔案都在自己的位置上，無論是以「二〇一五年五月的公共事業」這種特定的方式組織，或更普通的方式，例如在電腦桌面的檔案。在操作電腦時（電腦的運作方式類似大腦），可設定搜尋條件，下令電腦從所有檔案中找出與某特定字詞相關的所有資料。

不同的是，心智的標籤不是水電、雜貨或維修，而是諸如憤怒、寬恕、自我價值、身分、安全、生死等事項。這些標籤象徵著你對記憶的詮釋。

記憶也可能被分配到一個以上的標籤：同一個記憶可能被同時放在生死文件夾和母親文件夾裡。

然而，與電腦檔案不同的是，每個記憶也根據恐懼或愛的程度多寡來編碼。可將記憶想成在一條從負十到正十的連續線上評分，負十表示百分之百基於恐懼，正十表示百分之百基於愛。

心智使用此評分系統來決定記憶的優先順序。最優先的是與生死有關的意義，至於自我價值或幫助他人等意義，則排在優先名單後面，而且只要有被標上生死意義的檔案是開著的，通常其他的意義就不會出現在優先名單上。

負面標籤的刻度是負分；正面標籤的刻度則是正分。回想「面無表情實驗」。如果在做某件事時，有人對你微笑，這個正回饋最後會被收錄在正分的正面文件夾裡。回想起那次正面的回憶時，通常會產生正面的感覺和想法（與該事件發生時的想法和感覺類似），於是為目前的經驗創造出新的正面記憶。將來從事或經歷類似事件時，通常也會產生正面的感覺。

如果在做某件事時，有人皺眉頭或責罵你，這個負回饋會被放進負分的負面文件夾裡，而分數的高低取決於原始事件發生時釋出的腎上腺素多寡。如果那是一次負分事件，便容易產生負面的感覺，也會創造新的負面記憶，並可能抗拒再次做類似的事。

這些標籤使無意識心靈能瞬間篩檢在你身上發生過，以及從祖先那裡遺傳到的一切。它們建構出你的信念系統和世界觀；換句話說，記憶就是你會有目前這些想法的原因。如果對的人提出對的事實，你也許會願意改變觀點，但前提是你的觀點跟任何恐懼或危險的記憶毫無關係。一旦涉及這些恐懼或危險的記憶，你幾乎到死都不肯改變這種信念。

美國逐漸兩極化的政治氛圍清楚呈現出這一點。美國政黨雙方都指控對方報導「假新聞」。一方相信的「事實」，怎麼會與另一陣營相信的事實截然相反呢？耶魯大學政治科學研究員、法律博士丹・卡漢，深入挖掘氣候變遷這個特定的議題。卡漢博士及其同事發現，「科學素養與技術推理能力」最強的人，並非最可能對氣候變遷的某說法達成共識的人，而是最可能「在文化上呈現兩極化」的人。換句話說，越聰明的人反而越有可能運用聰明才智，找出理由證明所屬的團體是對的，無論真相是什麼！

研究員布蘭登・尼漢博士和傑森・萊佛勒博士也同樣進行了一系列的實驗。參與實驗者閱讀某政治家發表的一篇誤導性言論的文章，或一篇提到該誤導性言論並糾正其主張的文章。根據這項研究，「結果顯示，糾正往往無法減少目標意識形態群體的錯誤觀念。我們也記錄了一些『逆火效應』的例子，在這些例子當中，糾正反而更增強了該群體間的錯誤觀念。」

我想說的是，記憶是導致我們這麼做的原因，因爲我們有著被群體接受或排斥的恐懼記憶。根據記憶，成爲群體的一分子是攸關生死的問題。

我們常因此發現自己的好惡，例如喜歡或討厭共和黨或民主黨、海灘或山脈。只要事實符合記憶的標籤和得分，就會發展出看似合乎邏輯的推理。這種情況也發生在日常情境中。例如，如果我現在六歲，媽媽對我大吼大叫，因爲我把葡萄汁灑在新買的白色地毯上，我可能會建立一個跟弄灑東西有關、九〇%基於恐懼的記憶。換句話說，弄灑東西的記憶被放進生死檔案裡，而且被評爲負九分。於是我現在變得很怕弄灑東西。這一生只要在所處情境中有人（我或別人）可能弄灑東西，我就會略感壓力。如果眞的弄灑了，我可能會覺得有點生氣、愧疚、自責或羞愧，因此不弄灑東西會讓我感覺好一些。我也會很注意自己的行爲，避開可能弄灑東西的情境，結果反而整天想到弄灑東西這件事。這多扭曲啊？自我價值居然取決於每個人偶爾都會發生的一件事，而且這件事跟成功的生活毫無關係。

當有人弄灑東西時，我可能也會嚴厲批評。我可能會有各式各樣合理的理由證明爲什麼這麼討厭別人弄灑飲料：這樣很不體貼、這下得花時間收拾爛攤子、這恰巧是我的地雷。但眞正的理由是，有個與這件事有關、非常負面的恐懼標籤，並且跟我可能想出任何合理的解釋都毫無關係。

換個角度說，如果在我弄髒地板時，母親慈祥又善解人意（即使她奉行愛的管束），我現在對於弄灑東西就會有一個九〇％基於愛的記憶。這個弄灑東西的記憶可能被歸檔在無條件的愛的文件夾裡，分數也許是正九分。現在我有了很強的內在程式，不怕弄灑東西。你或許已經猜到了，我現在弄灑東西的可能性極低。

這是個很好的例子，說明人際關係如何賦予記憶意義。負面、正面和中性的記憶有何區別？每次葡萄汁灑在白色地毯上，都必須有人清乾淨。不同的是，我在那件事之前和當中感受到了與母親的關係，而這個關係的基礎是她口語和非口語的反應。

這也是說明童年記憶具有多大影響力的好例子。小時候處於德爾塔／西塔腦波狀態時，我們的記憶會立刻在潛意識裡被編寫成程式，並按照優先順序排列，尤其是恐懼記憶。想想當時母親爲什麼會出現那樣的反應：她那天過得好不好？她之所以會有那樣的反應，是因爲小時候弄灑東西的記憶？或是因爲目前的情況？無論出於什麼原因，從許多重要的方面來看，這一刻都可能影響你目前及未來的人際關係。

記憶更像錯覺

了解記憶更像錯覺而非錄像，意味著可大幅減少對自己和他人的評判。如果你發現自己正在發怒或批評別人，可訓練自己思考：「好吧，等等，我不需要現在立刻下結論，因爲那個人可能沒說過我以爲他說過的話，或他說的話不是我以爲的那個意思。我就暫時放下評判，多收集一些資訊分析他說這話是什麼意思吧。」

如果傾向於嚴厲評判自己，記得：有好幾代人的記憶在影響著你看這個世界的方式，最後這些記憶創造了你的信念、想法、感覺、大腦化學和行動。每個人都一樣。我不知道是哪些無意識或世代的問題，導致我在剛結婚那幾年表現得像個傲慢、自以爲是的白癡。我心存懷疑，卻不是有事實根據的合理懷疑。我們能做的，就是了解自己的行事方式、同情自己和他人、療癒能療癒的問題，無論需要花多少時間，並致力於活在當下，活在眞理和愛之中，而且就從現在開始。

你可能會想：「我沒有壓力，我好得很。」如果是這樣，你可能是極少數眞的過得很好的人。如果是這樣，你可能不需要這本書，別不好意思，請把這本書送給有需要的人。

但我發現壓力已成爲一種常態，多數人甚至已經感覺不到自己有壓力，除非壓力突然遽增。根據心率變異測試，以及我自己對療癒密碼和其他療癒技巧研究三年的成果，我發現在檢測出有慢性壓力的人當中，九〇％以上的人會說自己沒有壓力。

上一章提過，我不認爲這種經常性的壓力是身爲人類的我們在設計上的致命缺陷。我認爲這是嚴重故障的結果。

怎麼會這樣呢？

這肯定不是突然發生的，而是自古以來持續緩慢地發生，一次一個記憶。就我所知，這個嚴重故障可分爲三個部分：

一、記憶的劣化。
二、選擇了錯誤的是非系統，導致做決定時不像成年人，反倒像個五歲孩子。
三、即使有心，也喪失了正面改變生活的能力。

一切都始於記憶的劣化。

第三章
記憶的劣化

一九〇〇年代早期，我的外公外婆從德國來到美國。經過多年努力，外公有能力買下一座美麗的南方莊園，母親很喜歡那裡。不幸的是，在經濟蕭條時期，銀行突然要求外公立即償還購買莊園時借貸的五百美元餘款。現在銀行這麼做是違法的，但當時許多人都遇到這種情況。外公沒錢，結果失去了莊園，不得不搬到鎮上一個普通的房子。外公似乎不怎麼介意這件事，但對母親來說卻是一大創傷，而且終其一生都受到這件事的負面影響。

從小到大，父親不知告訴過我多少次，媽媽把錢看得很重，意思是她很擔心失去我們的住處。三十五年來，母親嘴邊老是掛著「我們不能去度假（或做許多其他的事），得把錢省下來買房子」這句話，因爲她很擔心我們會失去住所，而且她自己並未察覺到這一點。

這些時刻的母親不是平時那個成熟、聰明、理性的女性。爲了方便討論，我將母親形容爲五歲孩子，而且是個不成熟、不理性、不時恐慌發作的孩子。

我和內人新婚時財務一度吃緊。一天夜裡，我躺在床上，擔心得睡不著，感覺有某種邪惡的東西影響了我，讓我心生可怕的念頭：要是無法保住這棟房子的話，我就死定了。

當然，失去房子是很難接受的一件事，卻不會眞的要我的命。那麼，這個信念是打哪兒來的？

爲了理解這個信念從何而來，以及人類的預設經驗如何由正轉負，必須先回顧一下在數千年的人類經驗中，記憶是如何演化的。確切地說，我不會把這種現象稱爲演化，而是稱爲劣化。

你現在已經知道，在我們體驗生活、創造新記憶的同時，優先考慮的多半是負面記憶。既然如此，或許你也可以開始想像，恐懼支配人類經驗的速度有多快，而且一代比一代的情況更嚴重。

記憶的劣化出現在以下四個關鍵領域：生死的意義、遺傳得來的基因記憶、遺傳得來和習得的經驗，以及對這些記憶的詮釋。

生死意義的劣化

記憶劣化的第一個部分，發生在我們對生死的定義。這種情況不僅存在記憶中，最後也會影響我們的用字遣詞。

據說人類首對男女住在一個花園裡，他們只有一個貼著生死標籤的記憶：吃了某棵樹上的果實。傳說還提到他們一點問題也沒有。他們有工作要做，但那些工作對他們來說似乎一點也不繁重。他們很開心、很健康。他們赤身露體，但裸體也不是什麼壞事，因此他們並不感到愧疚，也不覺得拘束。確切地說，他們的生活一點問題也沒有，除了一件事：吃了那棵樹上的果實。那是唯一一件攸關生死的事，是唯一一件會觸發生死反應的事，是唯一一件會令他們感到焦慮不安的事，也是唯一的「誘惑」。換句話說，這是唯一一件與「殺」或「死」二字有關的事。

時間再往前推一些，進入史前時代。在那個時代有五到十個與「死」或「殺」有關的情況，例如掠食者、無法找到當天所需的水或食物、無法找到當晚的棲身之所，或某個手持更大根木棒的人。

再快速前進到中古世紀。當時的人類遭逢瘟疫、戰亂等危險。在那個時代，除了上述所有情況以外，咳嗽一聲、虛弱的國王、或任何可能在生病或戰爭前發生的情況，都是貼著生死標籤的記憶。因此，當時有五十到一百種意味著「死」或「殺」的情況。第一章提到，大腦一定會優先考慮任何與生死有關的記憶，即使只是稍微相關。

時至今日，由於過去的某些創傷，現在有數百甚至數千種情況被記憶貼上了生死標籤。如果你的祖父因積欠國稅局稅款，導致最後失去房子，查看郵件可能就會觸發你的生死反應。如果你的父母時常爭吵，母親總是在流淚，只要有人在哭可能就會觸發你的生死反應。

你可能不會說以上哪件事會眞的「殺死」你。你在查看郵件時只是覺得有點壓力，或看見有人哭時感到焦慮。沒什麼大不了的，這只是你的某種怪癖或個人特質。

但是，如果你正感受到任何基於恐懼的情緒，例如憤怒、沮喪、惱怒、憤恨、怨恨、懷恨、親人健在卻感到悲痛、焦慮或其他任何類似的情緒，就表示無論是否意識到，你都有跟這個情緒相關、被貼上生死標籤的「根源記憶」。你的心出現了只有處於生死險境時才會出現的生理反應。

第一章提到：人類原本的設計是只在人身安全遭受威脅時，才會經歷生死反應（現在這種反應常被稱爲壓力反應）。因爲我們的程式總是優先考慮恐懼記憶，因此劣化成幾乎什麼事都可能被賦予殺或死的意義，於是觸發了生死反應，引發壓力、負面思考與自私自利的行爲。

例如，你是否曾說過或想過「要是看到球隊輸掉這場比賽，我會死掉」，或「下雨前死都要回到家」，或「國稅局寄來的這些信簡直要我的命」，或「要是解決不了這個問題，其他人也別想有好日子過」？

我清楚記得青少年時期，如果田納西沃爾斯足球隊輸掉週六的比賽，感覺就像自己快死了一樣。果然，婚後內人告訴我，如果田納西球隊輸掉週六的比賽，我得到週四左右才能恢復正常。我很傷心、易怒，幾乎花一整週期待他們打贏下週六的比賽，不過通常事與願違。現在我知道，田納西足球隊的輸贏，對我的心來說直接關係到自我價值。多可笑呀？我對那件事毫無控制力，即使有，也跟生活中的人際關係、工作、健康等重要議題毫無關係。我現在知道，這個信念是從被我視爲英雄的父親和哥哥那兒學來的，且在記憶中根深柢固。

我們的用字遣詞是記憶劣化的症狀，也是起因。一方面，如果你發現自己常說或常想

「這會要我的命」或「我快死了」，這可能是個徵兆，表示目前的情況觸發了你的生死記憶。當然，你的意思不是自己真的會死，但如果感受到任何基於恐懼的情緒，你的心就會信以爲眞。如果發現自己有那種感覺，就算你絕對不會說那種話，結果也是一樣。

火上澆油的是我們的用字遣詞，或確切地說，這些字詞更深層的定義和意思，也能影響記憶的標籤類型。對於歷史上大多數的世代來說，「死」或「殺」兩字意味著同一件事：肉體死亡。你知道嗎？因爲心以安全爲重，因此當事關殺戮與死亡，它可沒有幽默感。

如果你還沒請你的心解開安全措施（第二部將討論如何做到這一點），而說出、想著或覺得「我快死了」「這會要我的命」之類的內容，你的心會立刻派遣持槍的傢伙，就像在機場持槍逮捕我的那些人。你的心不會對這件事理性分析。它不會說：「喔，是呀，他想到『死』，但他只是在說停車位的事。」你的意識心靈才會這麼做，但你的心寧可安全也不願後悔，因此它會拉響火警警報。

當然，問題在於，一次又一次出現這種過度反應，無論從生理和情緒層面來看，都是在「殺死我們」。這一點可從立普頓博士對細胞如何生病的研究得知。壓力是所有疾病和病痛的根本原因。這也是爲什麼安德魯．威爾醫學博士會說：「所有的疾病都是身心病。」他並不是說疾病都是人想像出來的，而是疾病是壓力或我稱爲生死反應的結果。

因此，要設法注意到自己正在說、在想或覺得「這會要我的命」，即使你認爲自己沒有那個意思，你說的話也可能成眞！

遺傳記憶的劣化

劣化的第二個部分，與積累的遺傳創傷記憶有關。

你有心愛的人被火車撞死的記憶嗎？

有親近的人在你面前被殘忍殺害的記憶嗎？

你有子女被人虐待的記憶嗎？

你有遭到父母遺棄的記憶嗎？

你有小時候哥哥死於罕見疾病的記憶嗎？

也許這些事情都不曾發生在你身上，我當然也希望沒有。但是，即使從未親身經歷這些事件，你心裡也很可能存在著這些記憶的陰影。這些事是你祖先的遭遇，而這種感覺被傳承了下來。這些遺傳記憶中充滿了錯誤，卻繼續累積在每一代的壓力桶裡消耗能量，而這些能量原本可用來改善健康、人際關係、事業、他人生活和所處的這個世界。

如果這些事現在發生在你身上，你會有什麼感覺？如果某個跟你很親近的人遭受虐待、傷害，甚或在你眼前被謀殺，你會有什麼感覺？

這就是你的心正在經歷的事，而這種恐懼的強度，肯定比不上現在眞正發生的那件事，因爲腎上腺素的分泌量少很多，但你還是會有負面的感覺。儲存在心中的一切，都是當下正在發生的事，而且是一天二十四小時、三百六十度環繞音效。你的無意識無法區分過去、現在和未來，也分不清現實與想像。你的心把這些記憶當成現在式的實際情況，即使意識心靈並不知道有這些記憶。因此，你的心不但把這些記憶當成眞實事件，以爲這些事件當下正在發生，也把它們當成解讀當下情況的鏡頭。可想而知，如果處於危及性命的險境，你會有什麼樣的感覺。肯定是「全體動員」，其他的一切稍後再說。

當你的心因爲兩百多年前祖先發生的某件事而「全體動員」時，你的消化功能、血糖平衡、免疫功能、創意、專心聆聽在乎的人的能力，以及同理回應的能力將暫時中斷，卻只是爲了回應一件並未實際發生在你身上的事。

記憶的劣化發生在這些遺傳而來的生死記憶中，而這些記憶將不受約束繼續積累。到了某個時間點，這些記憶肯定不再對後代子孫有任何幫助。

請容我稍加解釋這究竟是怎麼發生的。

有個病患因患有輕微的慮病症來找我。他要不是眞病了，就是總是在擔心自己會生病。只要有流行病，他就一定會被傳染。他從未罹患重症，只是很容易傷風感冒或染上小病，但他一直相信下次就會生一場大病。同時間，他也因爲太常請病假而丟了工作。他告訴我，他覺得這個問題正在毀了他的生活。

這是怎麼回事？他只是免疫系統比較差嗎？還是因爲他相信自己會生病才眞的生病？也許兩者都是。眞正的問題是：爲什麼會這樣？

我鼓勵他研究家族史，這是我對所有病人一致的做法。於是他找了幾個親戚聊聊，發現在一八〇〇年代，他有一位曾曾祖父小時候和父母住在草原上，方圓百里內都沒有醫師。有一天，當時是小男孩的曾曾祖父生病了，但他並不擔心，因爲之前常生病，總是過幾天就痊癒了。這次也一樣，他病好了，什麼問題也沒有。

幾個月後，小男孩的父親病了，但父親染上的是天花，病情並未好轉，最後往生了。突然間，小男孩對生病的主要信念，從「沒什麼大不了」，變成「如果我生病了，就會像爸爸一樣死掉」。換句話說，這件事成了一個重大的生死記憶，而無意識也自動優先處理這個記憶，並對它加以保護。

小男孩下次生病時會問：「媽媽，我會像爸爸一樣死掉嗎？」這很合理，不是嗎？即使對當時的他來說，這麼想很合理，但「如果我生病了就會死掉」卻是錯誤的信念。更糟的是，「如果他生病了就會死掉」是出於恐懼的新信念，因此會啓動體內的壓力機制，反而提高生病的可能性。

成長過程中，他生了幾場病，後來都痊癒了，因此他的信念雖然可能稍微改變，卻永遠不會消失，除非徹底療癒他的根源記憶（及其意義）。在主動完成這段記憶的改寫之前，他的無意識心靈會控制並繞過意識心靈。即使他對疾病的記憶好壞參半，有病後痊癒的記憶，也有染病身亡的記憶，但無意識心靈並不在乎是否過度反應。只要過度反應能達成「活著」這項首要目標，它就會故意反應過度。過度反應就像過於努力的生死反應，這是件好事！要是反應不足，可能會死，而這違反了無意識心靈的最高指導原則。

現在，這個生死記憶的恐懼，正影響著他餘生每個類似的記憶。當前的情況被編碼為生死記憶，而這個恐懼的標記像病毒般不斷地傳播，不僅透過自身的經驗，也根據他對周遭疾病的行為和反應傳給了下一代。因為「生病」的程式被寫入「我會死」的錯誤意義，成為小男孩記憶的一部分，於是這個記憶受到保護、取得優先處理，並傳承下來。接收這個記憶的每個世代，在面對疾病時都表現出恐懼、壓力和焦慮，無論那場病實際上多麼容易處理。看著父親或母親語言或非語言的反應，每個新世代都學到要害怕生病。

現在，經過五個世代之後，我的病人帶著同樣的預設程式出生在這個世界上，對生病有著深刻的恐懼。他看著父親為了避免生病而付出極端的努力、在有人生病時過度反應，於是更加深了他的恐懼。而他父親也在自己的父親身上觀察到這些行為，依此類推。我的病人或他的家人只要打個小噴嚏，他就會擔心發生最壞的情況，於是出現洗手和滅除細菌的強迫症，以及其他與生病恐懼相關的症狀。

這種行為對現在的他有幫助嗎？一點也不！首先，最初發生的事是小男孩的父親死於天花，但如今天花大多已經絕跡。再者，他住的地方距離診所只要五分鐘的路程，而他也有醫療保險，可充分享用現代的醫療資源。然而，每當他感覺快生病了，就會觸發近兩百年前的那個危險記憶，並傳送恐懼信號給體內的每個細胞，導致細胞關閉。大腦的戰或逃取得部分控制，讓他處於生存模式，致使他無法享受當下、無法思路清晰、無法創意思考，也無法優先處理他認為最重要的事務。

然而，因爲他不清楚這種恐懼從何而來，卻有著知道原因的內在需求，於是他設想出一種情況，讓恐懼成爲應對環境的理性反應！他旁徵博引，證明哪些方法能保護自己，也舉各種新聞報導爲例，說明看似輕微的病症也可能致人於死。他挑選能強化信念的資訊，而不是藉由周遭的實際情況來修正、檢視信念。這是無意識欺騙我們的方式，讓我們以爲遺傳得來的信念是無可非議、有證據基礎的。這個記憶正在使用某個錯誤來過濾他所經歷的一切！

那麼，我的患者該怎麼做才能開始改寫記憶的程式呢？我們先療癒這個遺傳來的記憶，也是問題的根源（第二部將說明做法）。一旦根源記憶療癒了，就能處理他目前對生病經驗的詮釋。爲了做到這件事，我一開始先問他：「現在，想到生病，你有什麼樣的感覺？」

起初他說：「我感到絕望，覺得無助，感覺下次再生病我就死定了。」

但是，當我們繼續著手改變他對生病的詮釋，把生病從攸關生死的情況，轉爲接近眞相的看法，他也變得較不害怕了。

最後，他來找我，說：「出現了一百八十度的轉變。」

我問：「你在說什麼？」

「在我想起今天要來這裡之前，已經有兩週沒想到或擔心健康了。我不記得自己有哪一天沒想到健康問題。突然間，對我來說，健康已經不再是個問題了。」

「這樣啊，那你覺得有哪裡不舒服嗎？」我問他。以前他來找我時，老是覺得身體有哪裡不對勁。

他停頓了一下。「你知道嗎？」他說：「我感覺好得不得了！」他也不記得上次有這種感覺是什麼時候的事了。

六個月後我聯絡他，關心他的近況。他完全沒有復發。

「你知道嗎？」他說：「這就像用一個大爪子抓獎品的那種遊戲機，只是有人用爪子完全從我的生活中拔除這個問題。現在它完全消失了。」

遺傳記憶

不是每個人都會發現有一個毀滅性的祖先經驗，可直接追溯至你現在明顯表現出的恐懼。有時來源已不可考，有時事發突然，無法正確地傳給後人。然而，在思考自身經歷時，不妨想想（就你所知），在你的父母、祖父母或曾祖父母的生命中，有過什麼樣的經歷？他們因此過著怎麼樣的生活？即使沒經歷過那些事，你是否也出現類似的反應？如果是這樣，可能就是遺傳記憶的結果：透過遺傳、教養，或兩者皆是。記住這些遺傳記憶。等你在本書第二部改寫根源記憶時，這些記憶會有幫助。如果不清楚哪個記憶與目前的情況有關，本書第二部也會教導處理方法。

詮釋記憶的劣化

記憶劣化的最後一個領域是對記憶的詮釋方式。由於我們心裡累積了好幾代人的生死記憶，再加上可得性偏誤，以至於在體驗周遭世界時，總是優先處理負面記憶，於是往往給予記憶最負面的意義或詮釋。

冰棒記憶

一個長期表現不佳的病患來找我。高中畢業時，他在班上名列前茅，之後以最優等的成績畢業於一所頂尖大學，剛畢業就被一間大型行銷公司錄用。他對行銷顯然天賦獨具，也熱情洋溢，但儘管他前途無限、潛力無窮，在工作上卻似乎毫無進展。每當他把某件事視為重要成就，或認為自己「非」做到不可，腦袋就會一片空白，無法完成任務，因而毀了成功的機會。這個問題不僅出現在工作上，也出現在他的人際關係上。

我對每個病人的處理方式都一樣：詢問他的家族史和小時候印象最深刻的事件。他告訴我，在他四歲左右，有次和爸爸在後院踢足球。那天下午他過得很開心：射門得分、擋球、歡笑、樂趣，他最喜歡和爸爸一起踢足球了。

太陽開始西沉，他們聽見媽媽喊道：「進來吃晚餐囉！」

父親說：「好吧，再為世界盃踢一球！」

我的病患當時還是個小男孩，他興奮極了，使盡全力踢球，但他太興奮，結果把球踢偏了，離球門太遠。原本父親打算讓他再贏一球，結果卻無法如願。

父親笑著抱起他，再抱著他走進屋裡，輕聲地說：「照你那樣踢球，永遠也別想踢進任何一球！我們明天再加把勁吧。」

如果我告訴你，那一刻不僅毀了小男孩這輩子踢足球的能力，也毀了他在任何高風險情況下的表現能力，你會怎麼說？

你可能不會相信我說的話。他父親到底哪裡做錯了？

絕對沒有。但我的病人還是認爲這是一次創傷經驗，所以除非這件事療癒了，否則將繼續破壞生活中的正面結果。

五歲的小男孩沒有能力邏輯思考那句話。由於人類負面思考的天性以及可得性偏誤的關係，再加上當時的他處於德爾塔／西塔腦波狀態，因此當時立刻寫進心裡的程式，是和爸爸踢足球、沒踢進球門、爸爸笑他、說他永遠踢不進任何一球的記憶。換句話說，也就是他會失敗。

他告訴我，他對這個記憶的詮釋是：「我永遠別想成爲優秀的足球員。」對當時的他而言，這是他能想到最糟糕的一件事，感覺這一生毀了。

我稱這種記憶爲「冰棒記憶」，這個名稱源自一名患者的遭遇。她是個天資聰穎、才華洋溢的人，但工作表現卻似乎總是不盡如人意。我們發現問題根源在於她小時候的一段記憶：母親給姊姊一根冰棒，卻沒給她，甚至還說：「姊姊已經吃完午餐了。等妳吃完午餐，也可以吃冰棒。」

但當時還是小女孩的她，卻這樣詮釋這件事：「媽媽給姊姊冰棒，卻沒給我，因爲媽媽比較愛姊姊。如果媽媽不愛我，就表示我有哪裡不好。所以別人跟我在一起時，也會知道我有哪裡不好，也不會愛我。」

一旦療癒這段記憶，她的工作表現便突飛猛進。

我願意打賭，其他諮商師或心理醫師肯定不信冰棒記憶是她工作表現不佳的根本原因。他們會開始尋找被壓抑的記憶，或教科書裡寫的隱而「顯」的創傷。但實際情況就是如此。正在塑造你身分的記憶，或許不是一次嚴重的創傷，而可能是被記憶賦予強大力量的一次「經驗」，而你可能永遠都無法完全理解箇中原因。這些冰棒記憶能改變人生軌跡，直到你跟我的患者一樣找出並根除這些記憶爲止。

那個小男孩後來怎麼樣了？和父親踢足球的記憶，成爲他每次練習足球和參加每場足球賽的鏡頭。那次之後，每個類似的經驗都會激發皮質醇和腎上腺素大量分泌，不僅是踢足球，還包括任何高壓的情境、嘲笑他的人，以及參與的運動。「我絕對無法成爲優秀的足球員」這個信念主導了他的觀點。那次的經驗並不表示他就無法成爲優秀的足球員，卻著實增加了這件事的難度。等他長大了，這個信念就被應用在任何表現領域。即使他在事業領域很有天賦，也難以成功。

許多表現優異的人士，包含運動員在內，都相信壓力使他們思考更敏捷，而且在上場前，有些壓力也不是什麼壞事。短時間來看，這麼說或許沒錯。因生死反應而釋放皮質醇和腎上腺素，短時間內確實會提供肌肉大量的燃料，但約十分鐘過後，皮質醇就會開始暴跌，反而讓人更加疲累。

壓力使肌肉收縮，受壓迫的肌肉會變得緊繃，而緊繃的肌肉表現不會太好。這就是爲什麼你會看到奧林匹克比賽的游泳選手和跑步選手在賽前「抖動」肌肉。這種情況過去在網球界稱爲「鐵肘」。比數接近時，球員會開始擔心輸球，而不是迫切地想贏球。他們的手肘會變緊繃，無法正常揮動。在此情況下，球要不是飛進網子裡，就是飛到界外一公尺的地方。

在我看過的超級盃比賽中，幾乎每一場都會有球評說勝負取決於哪一隊能放輕鬆。在球員或球隊犯錯時，球評常說他們太緊張或太緊繃了。

這是體育界眾所周知的原則：在關鍵時刻，有些球員的表現大放異彩，有些球員卻連球都丟不準，決定因素在於他們是害怕失分，或是對得分感到興奮。這完全取決於在此關鍵時刻的根源記憶貼著什麼標籤。

所謂在壓力下的正能量提升，是非壓力性的良性荷爾蒙能大幅提升能量，而且沒有任何不利的影響。

這就是爲什麼壓力會破壞表現，而且不僅影響體育表現，也影響一切事物的表現，包括非寫不可的報告、戲劇表現和重要談話。如果精神放鬆，不覺得有壓力，就能發揮最佳表現。決定放鬆或感到壓力的是什麼？是根源記憶上的標籤，無論這標籤是基於恐懼或愛。

我和病患一起療癒了那段記憶之後，他幾乎立刻就能在工作上執行自己的想法。兩年後，他告訴我在公司獲得越級拔擢，薪資也大幅上揚。療癒那段根源記憶，使他能毫無壓力、無拘無束地施展天賦，在職場上充分發揮潛力。

你害怕公開演說嗎？

小時候我很愛唱歌，最喜歡的歌手是名叫羅傑．米勒的鄉村音樂明星。他當時很受歡迎，出了好幾張第一名的暢銷唱片，後來寫了百老匯音樂劇《大河》，還贏得東尼獎。我特別喜歡唱他的兩首歌：〈公路之王〉和〈堪薩斯城之星〉。

大家對我的歌聲讚不絕口，於是我繼續唱歌，後來還學羅傑．米勒戴牛仔帽唱歌，之後還穿上背心和牛仔靴。顯然，他聲音的抑揚頓挫我學得維妙維肖，大家也覺得這樣很可愛。後來我在全班面前唱歌，然後在全校集會時唱歌，在社區所有學校集會時唱歌。我的觀眾越來越多，最後還受邀到週六早上最熱門的電視直播節目《小丑博佐秀》唱歌。我聽見有人說「這小傢伙會是下一個秀蘭．鄧波兒」這類的話。

星期六早上，我抵達攝影棚。《小丑博佐秀》在一間很大的室內進行準備工作，裡頭人山人海。好啦，他們沒帶我到那裡，而是把我帶進另一個房間，然後把門關上，這樣我才不會看到或聽到節目內容。房間裡只有我、一部攝影機和一個操作攝影機的人。我記得沒人告訴我該怎麼做，只是叫我站在那裡等輪到我唱歌。那次我要表演的是〈堪薩斯城之星〉。

可想而知，我這輩子從沒有過這樣的經驗，於是乖乖地站在那裡。然後攝影機上面有個燈亮了，攝影師指著我，一句話也沒說。

我一頭霧水。我沒開始唱歌，什麼也沒做，不知道這是怎麼一回事。攝影師又指著我，但我還是不知道那是什麼意思。他第三次指著我，我還是不知道是什麼意思。最後，燈熄滅了，他們告訴我：「非常感謝你，你可以回家了。」我困惑極了，因爲我一個音符也沒唱。

你可以想像星期一上學時發生什麼情況。大家都知道我參加了《小丑博佐秀》，所以全轉到那一台準備看我在電視上唱歌。他們看到我在電視直播節目上，嘴開開的站在那裡，自始至終一個音符也沒唱。

接下來約整整一年，我常聽到：「嘿，亞歷，唱首歌給我們聽聽。嘿，亞歷，你是下一個秀蘭．鄧波兒，對吧？跳支舞給我們瞧瞧。嘿！博佐！」

即使多次受邀，我再也沒登台唱歌。我再也不唱歌了。絕不。我大概是在那時候完全不再開口唱歌。

幾年後，在我十四歲左右，有人告訴我，我那一組要上台報告，每位組員都要發表不同的主題，大約七分鐘。在報告日之前，我並不怎麼擔心這件事。有什麼好擔心的？

我跟你說，走上台時我感覺心臟病都快發作了。我膝蓋發軟，口乾舌燥，感覺就算再有心，還是一個字也說不出來。我汗流浹背，衣服全濕透了。我完全沒把這次經驗跟《小丑博佐秀》聯想在一起，但我的反應正是因爲那次事件而起。走上台時，我的自主神經系統說：想都別想，快離開這裡，你膽敢再上台試試看。

我之前從沒有過這樣的感覺。我心想：我是怎麼了？我眞的會死在這個講台上。

當然，我現在經常公開演說，也不擔心，但如果沒有療癒《小丑博佐秀》的記憶，我絕對無法做到。

研究顯示，公開演說是世界上最令人畏懼的事物，甚至比對死亡的恐懼還普遍，至少對我們的意識心靈來說是如此。這說明絕大多數人的程式都有錯誤，而這些錯誤告訴他們的心，公開演說眞的會要他們的命。當然，沒有人會說公開演說眞的會害死他們，但老天爺啊，許多人眞的覺得自己會死。

除非面臨生死攸關的險境，否則這種恐懼根本不應該存在。由於記憶劣化的關係，公開演說已成爲世界上最令人畏懼的事物，但它根本就不該成爲恐懼。這不表示即使事情與你無關也應該當衆發言，但無論如何，它都不該誘發你的生死反應！

如果你害怕公開演說，等讀到本書第二部時，請一定要處理這個問題。等你找到並療癒根源記憶，這分恐懼就會消失。只要走上台，說自己想說的話，然後下台坐下。你會想：「很高興有機會分享對我來說重要的事，無論他們喜不喜歡。」

與身分和安全有關的遺傳創傷記憶

之前提過，小男孩對父親死於天花詮釋爲創傷。可將此事理解爲目睹親人死亡，會導致兒童將這段記憶貼上生死標籤。但即使實際情況與生死無關，也會創造生死記憶。回到本章開頭我自己的例子。我母親傳承了「失去房子會要我的命」的記憶，失去房子並不會眞的害死她。但除了人身安全之外，至少還有兩種記憶可被貼上危險標籤：威脅到身分的事物，也就是認爲自己好或壞；以及威脅到安全的事物，也就是在生理和情感層面是否感覺安全和日子過得好或不好。失去房子強烈影響了我母親對身分和安全的認知。

問題在於，生死標籤會立刻啓動生死反應（戰鬥、逃跑或僵住）。我們體內和心裡釋放的所有化學物質和反應，都是爲了讓我們能戰鬥、盡可能快速逃跑或僵住不動。但當涉及威脅到身分或安全的事物，卻沒有比這更糟糕的反應！爲什麼？因爲身分和安全（基礎是接納或拒絕），取決於人際關係是否健全。第一章討論過，人際關係是憑藉著愛在運作，而不是恐懼。下一章也會針對這一點進行更深入的討論。

丹尼爾．亞曼在《一生都受用的大腦救命手冊》書中寫道：「每當憶起某事件，大腦便會釋放與事發當時類似的化學物質。」

只是大多時候，我們都是無意識地想起某件事。

我在患者身上一再看到這種情況的影響。例如，我有個年輕女性病患持續出現嚴重的健康問題（慢性疲勞與纖維肌痛症），人際關係也嚴重缺乏信任。她是個完美主義者，很難信任別人。如果有人讓她失望，那就完了，因爲她無論如何都不會再信任對方，而且原因通常只是一些瑣碎的小事。付出愛卻不信任，或盡全力卻從不犯錯，是不大可能的事。她很討厭自己這樣，卻改不過來。她知道母親和外婆也正在處理類似的問題。

我依照往例詢問她一些家族史的問題，也問她小時候有哪些最鮮明的回憶。於是她向母親和外婆詢問更多關於家族史的事，最後發現在美國內戰期間，她曾曾曾祖母的住處曾遭到敵軍攻擊。他們強姦她，在她面前殺了她的丈夫和孩子，還放火燒了她的家。無論是誰經歷這種事，都會對人性喪失信任。問題是，她的曾曾曾孫女在需要建立信任關係時，卻仍懷著相同的恐懼。我的患者在目前的處境中並沒有理由去害怕人際關係。她在探究家族史之前，甚至不知道這件事發生過。同樣的，這件事本身並不是問題，問題出在遺傳記憶，而它說著：「因爲有人強姦我，殺死我的丈夫和孩子，還放火燒了我的房子，因此信任別人會害死我。」這段記憶正在毀了她的生活。

好消息是：一旦我的病人了解自己無法信任他人的根源，就能療癒它，而你也將學到這件事。幾個月後，她的健康問題就徹底解決了。

問題根源從不在問題本身

我這一生從沒接過這樣一通電話。拿起電話，聽到一個聲音說：「嗨，我叫瑞秋，我不想跟你說話。」

這實在是太奇怪了，反而讓我覺得有點酷，心想：很謝謝妳打電話來告訴我這件事，我眞是太開心了。

但我眞正開口時卻說：「好，有什麼我可以效勞之處嗎？」

「我答應我最好的朋友在結束生命前打電話給你，所以這是我要做的最後一件事。」這句話吸引了我的注意。

「很抱歉，」我說：「妳願意說說妳的困擾嗎？」

「三年來，我沉迷於各種毒品，有海洛因、古柯鹼和冰毒，而且還酗酒。三年來，我跟先生一直處於分居狀態；三年來，孩子對我完全不理不睬；三年來，誰願意我就跟誰上床，無關情愛。」她的體重，從五十四公斤瘦到只剩三十六公斤左右。她一直在接受諮商和治療，什麼方法都試過，現已走投無路。

我不是世界上最聰明的人，但聽到她說每件事都已經持續「三年」，總算明白了。

「三年前發生了什麼事？」我問道。

「我被強暴了。」而且還是在家裡。可怕、野蠻。

「很抱歉。能否請問當妳想到這件事時，有什麼想法和感覺嗎？」

她就像從口袋裡拿出一張清單似的，完全不必多加思索便開始念了起來。

「我感覺像一塊肉，而不是人。我覺得自己很髒，怎麼洗都洗不乾淨，再也乾淨不了。我覺得很不安全，連在警察局裡也一樣。我在人群中卻感覺異常孤單。我感覺先生或其他男人再也不會認爲我是個性感的女人。不知道爲什麼，我覺得這一切都是自己造成的。」

「謝謝妳跟我說這些。請容我問妳一個問題：妳剛才告訴我的那些事，哪一件是眞的？」

她頓了頓：「呃，理智上我知道這些事沒有一件是眞的，但它們是我每天二十四小時唯一的現實，擺脫不了。這是我唯一感覺到的事。我淹不死、也殺不死它。我再也受不了了。」

我知道必須讓她心裡的環境更正面一些。我認爲，一開始先繞過意識心靈是最好的方式，於是跟她談起療癒密碼，這是之後會在本書提到的一些能量工具。

她跟我說療癒密碼聽起來很蠢。

「不要去想被強暴的記憶。」我說：「只要使用這個能量工具，放輕鬆。但我認爲如果記憶改變了，妳一定會知道。要是發生這種情況，請打電話給我。還有，下週無論如何都請撥一通電話給我。」

她說了一兩句諷刺的話之後，便掛上電話。

一週後，電話鈴響了。

「嗨，洛伊德醫生，我想跟你說上週我做了。我就知道不會有用，所以只是打電話跟你說一聲，我做完了。」

我請她再給療癒密碼一次機會，不過我並不認爲她會照著做。

一週後，電話鈴聲再次響起。「嗨，洛伊德醫生，我一直在操作療癒密碼。我不知道爲什麼要一直做，但反正做了也沒用。我知道我對你態度不好，想跟你說聲抱歉。」

這讓我非常擔心，準備輕生的人通常會想彌補過錯。

「我做完了，謝謝你熱心幫忙。」

我請她給療癒密碼更多時間。

四天後，電話鈴響，我聽見電話那端傳來啜泣聲。是她，她說不出話來。她想說話，但就是說不出來，只是邊哭邊喘氣。

最後，她說：「它變了，它變了，它變了。」她還在哭。

「妳是不是想跟我說，被強暴的記憶改變了？」我說。

「我當時正在做療癒密碼，邊做邊罵你。」她眞的這樣說。

「我沒在想強暴的事。突然間，強暴的記憶就出現眼前，還附帶立體聲環繞音效，音量很大。我無法移開視線。

「我首度注視強暴我的人的眼睛，心想：這個人究竟遭遇了什麼事，帶給他這麼大的痛苦，才導致讓他做出這種事情？

「我對強暴我的人感到寬恕、憐憫、同情。我眞的感覺這件事完全離開我了，所有仇恨、憤怒、氣憤都消失了。我感到自由，感覺原來的我又回來了。」

她立刻戒除毒品和酒精，而且並未出現戒斷症狀。她在六個月內胖了九公斤，較符合健康體重。她與先生、孩子和解，從此過著快樂健康的生活。

這件事發生在十二年前。我在約三週前看見她騎著哈雷摩托車外出兜風，笑得很開心。這是她的愛好。

接下來我打算說句可能聽起來令人震驚甚至不快的話，但請稍微忍耐一下。強暴從來都不是她的問題。我不是說強暴不構成問題，它當然是個問題。但眞正的問題在於，她相信跟那件事有關的所有謊言。她對強暴的記憶中充滿了謊言。記不記得她告訴我：「我是一塊肉，不是一個人。我很髒，髒到連肥皂都洗不乾淨。是我的錯。我再也不可能安全了。」從第一通電話開始，她就知道她的記憶裡充滿了謊言。她打第一通電話時告訴我，理智上她知道這些事都不是眞的。「問題」不在強暴，而是強暴導致她內化了與自己有關的那些洩氣的、貶低的、邪惡的謊言：因爲我被強暴了，所以我是一塊肉等等。

她不是因爲遭人強暴而染上毒癮、打算輕生，雖然每個心理學家和醫師都會說這就是原因所在。她染上毒癮、打算輕生，是因爲遭人強暴創造出與身分有關的信念，而這些信念每天二十四小時傳送著強大的恐懼、驚慌、危險交雜的信號到她的下視丘。

你的心不會區分過去、現在和未來，它把每件事當成現在式的現實，彷彿事情正在發生。所以，對她的心來說，她每天每小時都在遭人強暴，同時還附帶了一張與強暴有關的「因此」清單。三年後，她再也無法承受了。

療癒那段記憶，是否意味著現在的她從未遭人強暴，或是她再也想不起這件事了？當然不是！她知道自己曾遭人強暴，這部分的記憶一點也沒改變。這個記憶唯一改變的是**詮釋方**

式，那些告訴她強暴是咎由自取的錯誤信念。這個記憶不再告訴她：她很糟糕、很骯髒、不是人，恐懼信號也不再傳送到下視丘。承受了三年的痛苦之後，她終於能夠相信自己是個好人，應該得到好的待遇，即使曾遭遇可怕的事。

就她而言，謊言消失了，取而代之的是平靜，以及寬恕、憐憫自己和攻擊她的人。實際上，也就是稍微站在對方的角度思考，對自己說：要是我也經歷他的痛苦，也許我也會做出可怕的事。你知道我們怎麼稱呼這種情況嗎？這是**最高等級的愛**。我們稱之爲**同理心**，亦即設身處地感受對方的痛苦。

記憶療癒後，我問她：「你之前對他有過那樣的感覺嗎？」她說：「三年來，一想到他，我只想拿散彈槍轟爆他的頭。」

之前提過心理適應，以及人體幾乎能在經歷各種困難之後恢復元氣。你可能正在納悶：當我們的心智反應過度，賦予記憶錯誤的意義時，心理適應爲什麼不發揮作用呢？爲什麼心理適應對她起不了作用？

如果按照負十到正十的分數給每個記憶分等級，我相信每個人的心都有一道門檻，而負分可能超出門檻太多，以致無法用心理適應來克服。例如，這個病人的整體心率大概是負九上下，超過了她的門檻，因此心理適應無法克服這個問題。內人也是如此，十二年來，她飽受憂鬱症所苦。

有些人的內在環境太過負面，以至於無論怎麼做似乎都無法使生活好轉。該怎麼做才能幫助這些人呢？必須設法讓他們的心率由負轉正，如此一來心理適應才能開始發揮作用。

而這就是記憶工程能做到的事。

結果：預設程式的劣化

你呢？你是否對生活中的某些事感覺負面，而那些事可能是這種記憶劣化的結果？若想得知，可試試以下練習。

辨識記憶劣化的症狀

列出所有引發負面情緒的事物，例如壓力、恐懼、憤怒、羞恥、內疚、懷恨、沮喪、惱怒、悲傷或恐慌。倘若現在審視自己的生活、心智和內心，哪些事會讓你產生負面情緒？

現在一一檢視清單上的每個項目，問自己：為什麼會對生活中的這些事物有這種感覺？例如，也許你寫下覺得另一半很煩。為什麼另一半會讓你覺得很煩呢？也許他總是丟太多垃圾在垃圾桶，希望你去倒。這件事也要寫下來。

寫完了嗎？很好。

這其實是個假練習題。除非你這一生曾遭虐待或經歷眞正的大災難，否則上述所有情況感覺負面的眞正原因，都跟你的潛意識、冰棒記憶，以及至今不斷提到的記憶劣化有關。

這就是你感覺不知所措的原因；這就是你總是疲累不堪的原因；這就是你老是覺得壓力很大的原因。因爲你正在設法處理所有不該處理的事。人體天生的設計，是只在性命眞正遭受威脅時，才進入戰或逃狀態。但你的記憶出了差錯，內在的火災警報一直在響，卻是爲了自己不知道也不正確的原因。

記不記得本書引言中的漏水比喻。幾天後，地板上的漏水情況可能已經沒那麼糟了。如果你眞的很努力，再加上有人幫忙，大部分看得見的水都可以清乾淨。但十年後，木頭開始腐爛，家人因黴菌而生病。最後，承包商出現，告訴你因爲損壞嚴重，你家已經完全貶值或禁止居住，於是你失去了一切。

沒有人是以一張白紙的狀態來到這世界。所有人都從祖先那兒遺傳到了一些優點，但在歷史上的此刻，絕大多數人都嚴重受到缺點的影響：我們遺傳到基於恐懼的程式和信念，其中大多數對我們已經毫無幫助。人類最強、最基本的程式，正在說謊，所以我們才會以假當眞。

我當然不會知道祖先有哪些創傷記憶，也無法指出從父母身上學來的每件事。所幸，我發現即使在不知情的情況下，也能改變這些記憶，在愛的狀態中看見生活眞正的樣貌。你也一樣。

不過，在開始療癒這些根源記憶之前，還得先說最初記憶是怎麼出差錯的。因為記憶的劣化只是開始，只包含與生俱來的預設程式。自出生起，我們就開始把生活經驗和想像加入自己的記憶，並且完全透過**預設程式**來解讀。但是，這個預設程式卻在傳遞錯誤的訊息，讓我們以為看到的一切幾乎都會害死我們！

（再次重申，如果有人問你相不相信最煩人的那件事眞的會害死你，你應該會斷然回答「不會」。但事實是，你還是會有那件事會害死你的感覺，只不過可能太習以為常，所以覺得這樣也很正常。）

開始透過祖先記憶的鏡頭看生活，也開始自行創造誇張的記憶，此時會發生什麼事？這就是下一章要探討的內容。

第四章
兩大定律

我們會在六到十二歲之間做出一生中最重大的決定。幾乎每個人都必須獨自做出這個決定，而且幾乎沒有人會得到任何警告、準備或忠告。我們通常只會在做完決定很久之後，才意識到這一點，如果還能意識到的話。

由於記憶的劣化，幾乎所有人都在無意識的狀態下，被編寫了做出錯誤選擇的程式。

我知道我做了錯誤的選擇，以下是事情的發生經過。

在出生的過程中和出生後，最早的那些強烈恐懼和愛的經歷，是我最初有意義的記憶。但在意識層面，我當然不記得那些記憶。它們也是最早的幾塊骨牌，引發了之後一長串的人生經驗，期間恐懼和愛互相爭奪生活中的主導地位。確切來說，我相信人生的目的是要考驗我們，看我們在任何特定時刻會選擇愛還是恐懼，更重要的是看我們在生活中如何選擇。但是，爲了能夠做出選擇，必須確定對危及生命的定義是否符合事實。

後來我領悟到，跟大多數人相比，我有個過度「敏銳的感受器」。我的情緒起伏總是比其他人強烈。例如，小時候的我很黏人，還被取了「黏人精」的綽號。有人告訴我，鎮上很多人排隊等著當我的臨時保母，因爲當過我保母的人都覺得我太有趣、太可愛了。這是愛的部分。但比起我認識的其他小孩，樂趣和痛苦對我來說是個嚴重許多的問題。例如，我經常想要糖果、可樂之類的東西，如果不能「立刻！」得到，我就會覺得自己快爆炸了。這是外在定律在發揮作用。

我也能感受到他人的情緒，而且幾乎沒有人能做到像我這樣。我記得年紀很小的時候，有一次父母的朋友來訪。我完全聽得懂他們在聊什麼。等客人離開後，我走到父母面前問道：「你們知道剛才那個叔叔很生氣，那個阿姨很害怕嗎？」父母用看外星人的眼神看著我。他們完全沒注意到這些細節，但當時我卻覺得那明顯至極。

過了兩週左右，父母發現在我們家裝模作樣的那對夫妻朋友，其實遭遇到某些非常恐怖的情況。果然，他很憤怒，而她很害怕。

事情發生後，父母來找我，開門見山問我：「你是怎麼知道的？」我心想：你們怎麼會不知道呢？

這種高敏感度是福也是禍，有點像美國電視影集《神探阿蒙》裡的偵探阿蒙，因爲我不僅可敏銳察覺到他人的情緒，跟其他人相比，我的想像力和感情也豐富許多。音樂對我的影響力極大，簡直到了不可思議的地步。如果聽見一首深深打動我的歌，我會心想：哇，這首歌太感人了！我會告訴父母或朋友：「這首歌你們一定要聽聽看！」可是當我播放這首歌給他們聽時，他們會說：「喔，不錯，還可以。」然後我才意識到這首歌一點也沒有打動他們。電影和電視廣告也一樣。即使到了今天，我們全家一起看電視時，內人或是兩個兒子還會靠過來問說：「你又哭了嗎？」

我這輩子都是這副德行，能感受到他人的情緒。如今我已取得心理學博士學位，在諮商領域也已執業多年。我現在知道，我的感覺誇張到非比尋常，這是福也是禍。能感知自己和他人的情緒是很棒的一件事，雖然偶爾這些情緒有點令人招架不住。我不知道在諮商領域有哪一項天賦勝過能感受他人的情緒。我想這是我執業才半年，候診名單就已經排到半年後的部分原因。我認識其他在諮商領域執業的心理醫師，幾乎每一位都在想辦法吸引更多病人前往看診，因爲他們的候診名單半數名額還空著。

我的兩個哥哥分別比我大六歲和十五歲，因此父母對我寵愛有加。我是父親最主要的業餘愛好，他每天晚上和每個週末都會回家陪我玩。我想吃什麼，母親都會煮給我吃；只要我開口，母親什麼事都會幫我做。我常想，是不是因爲我在出生時遭遇死劫，所以受寵的程度才遠超過一般家庭子女。

所以，就我而言，我的生活直到六歲左右都很美好，甚至如田園詩般愜意。直到開始上學，我才領悟到跟其他小孩不一樣，未必是件好事。我對操場最早的記憶，是有個男孩對我大喊：「嘿，小胖子！」其他孩子都在哈哈大笑，我也跟著笑，但回家後我就哭了。就在那時，我意識到我有點矮胖，而矮胖是不好的，這件事眞的很令人傷心，但之前我從未因爲這件事傷心過。

我感覺自己突然從愛和安全的星球，被送到恐懼和危險的星球。眞是太可怕了。

此外，雖然我在情感和人際關係方面宛如神童，但人類已知的每一種學習障礙，我肯定都有。如果讓我做個總結，我會說只要是線性和按部就班的事物，我幾乎完全缺乏學習或理解能力，例如代數和化學。

每學年結束時，老師總會開會討論一個問題：「要讓亞歷升級嗎？」有時會，有時不會。我尤其記得某一次的會議。當時我每一科都念得很辛苦，還當掉了幾科。小學校長把我和母親叫進辦公室說：「亞歷是個很可愛的男生，大家都很喜歡他。不用擔心，因爲他還可以學習一技之長。」他們覺得我就算念高中也畢業不了，大學就更別提了。

有一次母親要求學校對我施測。再次重申，當時的人對學習障礙所知甚少，但學校確實幫我做了智力測驗。沒想到我的智商很高；確切地說，校內智商比我高的只有兩個學生，但他們每科都拿A，後來其中一人成爲知名的神經外科醫師，另一人則成爲火箭科學家。

你可能以爲這會讓我感覺好過一些，但沒有，情況反而更糟了。現在他們不再叫我「可憐又可悲的亞歷」，而是改成「亞歷很懶惰」。這樣也不對！我在任何一門課或任何生活領域，幾乎都是掌握重點和跳脫思考框架的高手。如果他們問我一題不必知道具體細節的申論題，每次贏的人都是我。但如果必須遵循繁瑣的規則和細節，例如文法、算數或化學，我就會像要試著讀懂俄文般！我對這些就是一竅不通。

後來才知道我有讀寫障礙、注意力缺失和注意力不足過動症，也許還有其他幾種醫學界二十年後才會發現的病症。簡單來說，我的思考方式很不一樣。

念高中時，我是班上最後一名。其實，直到畢業的前一天，我都還不知道自己能畢業。我在念幼稚園和三年級時已經留級過了（有人告訴我幼稚園不會有人留級，但我就留級了）。

小學某個時候，我開始脫離之前提到的德爾塔／西塔腦波狀態。在此狀態中，無意識的信念會立刻被寫成程式，而我使用意識心靈的能力才剛開始發展（當然是透過已經存在的記憶）。到了十歲左右，我因爲身材矮胖，日復一日遭人取笑，在課業上也覺得自己很笨，於是負面記憶開始一個接一個往上堆疊。我的其中一個信念變成：「我很胖，要是再這樣胖下去，大家就會繼續對我惡毒、殘忍，讓我過得很不開心。」這成爲我的鏡頭。透過這個鏡頭，我經歷了人生中許多事件，繼而創造出更多的負面記憶。

請注意，這個信念並不是憑空創造的，而是意識心靈根據我的記憶拼湊出這個信念。這就是爲什麼僅改變有意識的信念，並無法帶來長期效果的原因。我們的信念來自於記憶，而這些記憶將繼續爲信念提供原料，直到改變爲止。本書第二部將教你如何改變記憶。

人生誓言

國中也許是我這輩子最慘澹的時光。剛開始我還是有點矮胖，臉上長滿青春痘，到處坑坑疤疤。當時大哥也因爲家族事業問題和父母鬧翻。他曾是我崇拜的對象，但往後四十年我再也沒見過他。

因爲大哥的事，父母陷入一生中最險峻的財務困境。他們以爲房子可能保不住，也可能會破產。當時家裡的氣氛很緊張，財務問題再加上大哥的問題，導致父母爭吵不休，母親還曾類纖維瘤恐慌發作過。他們肩上的擔子太重，因此大多時候根本沒注意到我發生了什麼。我每科都不及格，每天都被同學取笑。

當時我有點不想理會家裡的人。二哥婚後搬離家，這表示突然間他也不在我身邊了。以上種種，讓我在中學開學沒多久，就開始每天發誓：我絕不再讓人取笑我的身材！我將不惜一切代價，確保這種事不再發生。我對這個經驗的負面記憶已強大到只要有人取笑我，我就感覺自己快被殺死了。於是在我看來，我有四個選擇：

一、停止在乎別人的想法。

二、跟他們打架。

三、跑去躲起來。

四、瘋狂運動，這樣就不會再有人取笑我胖了。

由於個性的緣故，我很快就摒除了第一、二、三項，不過我承認我很想跟他們打架，而且經常想像自己跟他們打架，頻率甚至高到足以對我產生負面影響，而且感覺幾乎就像我眞的跟他們打過架了。

我選了第四項，開始每天跑步十到二十公里，每天做五百到一千個仰臥起坐，每天做一百到兩百個伏地挺身。猜猜看結果如何？這樣鍛鍊眞的有用！我太棒了，對吧？其實也不盡然。確實，大家再也不取笑我胖了；沒錯，我開始跟啦啦隊員和學校最受歡迎的女生約會，但這一切都是出於錯誤的原因。我不是因爲愛，而是因爲恐懼才改變生活方式，因此全新的生活帶給我的不是喜悅、平和，而是壓力、焦慮和困擾。我每天無論如何都非得做這些過度的運動不可。我眞的覺得要是不做這些運動，哪怕只有一天，我就眞的會死。

我稱這種決定爲「人生誓言」。有些人似乎就是無法有意識地選擇不做自己不想做的事，或開始做自己想做的事。這是一種成癮循環。在我見過的成癮循環中，幾乎每一種都可以追溯到一則人生誓言。

所謂人生誓言，是當痛苦強大到某種程度，以致你發誓絕不再陷入某種特定情況中。你將不惜一切代價，在未來避開那種情況，且無論要付出多大的代價。

舉例來說，在成長過程中，父母總是互相嘶吼叫罵，於是你立下誓言：我再也不要待在有人尖叫的房子裡。你竭盡所能避免惹怒任何人，甚至連有點生氣也不行，因爲這樣至少不會有人尖叫。你也許不會再聽到有人尖叫，但也錯過了極大的喜悅、歡笑和親密的人際關係。結果這種治療方式比疾病本身更糟。

人生誓言可能造成更嚴重的後果。我有個患者在小鎭長大，以前她住的區域被稱爲「貧民區」。六歲時，父親拋下她們母女倆。無論從哪種定義來看，她們都很窮。此外，她母親還是出了名的「淫蕩」。

我的病人小時候立下《亂世佳人》女主角郝思嘉那種誓言，跟我的誓言很像：「神爲證，我絕不再過貧窮的日子。」她迷上了金錢和外在事物，結果壓力和焦慮是我見過最嚴重的。爲了療癒，我請她做一些事，她卻怎麼也不肯配合，因爲她不願放下外在事物。

最後她被診斷出癌症末期，才三十九歲便與世長辭。醫師說她的病可能是壓力和焦慮造成，但我知道壓力的根源是因爲童年的遭遇而立下的人生誓言。眞正的問題與金錢無關，而是與她成長時的記憶有關。

練習

你記得童年或青少年時期曾立下像我一樣的誓言嗎？是否有哪件事太痛苦了，於是最後你決定將不惜一切代價，確保那件事不再發生？

每個人在人生中的某一刻，幾乎都曾有過這種經驗。我們沒有意識到的是，那一刻的選擇建立了一個連鎖反應，可能導致生活的一切從那一刻起發生故障。唯一的問題是，最脆弱的環節會在多久之後斷裂。

當我發誓絕不再讓任何人取笑我的外表時，就發生了這種事。當時，如果我想在生活中取得任何成功，似乎只能那麼做。我花了幾年時間才意識到自己其實是有選擇的，而我做了錯誤的選擇。有此領悟之前，我最脆弱的環節已經斷裂了。下一章將描述我當時的情況。

最重要的選擇

我說的是什麼選擇？是選擇遵循**外在法則**或**內在法則**。

第一章提到，外在法則說外在環境是最重要的一件事，從身體的生存開始，延伸至其他會帶來快樂或減輕痛苦的任何情況。外在法則源自我們的生存本能，是「爲達目的，不擇手段」，以及「無論何時，想要什麼就去追求」的體系。外在法則是自然法則的體系，尤其是因果法則，而且絕對眞實。

外在法則的目的，是獲得**對自己有利**的最終結果，即使這意味著其他人必須蒙受損失或受到傷害。這表示將自己的需要置於他人之上，以及將自我保護置於人際關係之上。外在法則過的是追求快樂、避免痛苦的生活，主導的動機是**恐懼**。

我在第一章解釋過，外在法則有個非常重要的正向目的：它應該自我們出生起便不知不覺中主導我們做決定，直到我們的意識心靈發展爲止。小時候的我們本來就應該聚焦於外界的事物，因爲那段時間的我們，比在人生中其他任何時候更容易死於意外（亦即外因）。兒童如果覺得冷了、餓了、不舒服或失去平衡，就必須大聲說出來。只要曾因爲嬰兒餓了而在大半夜起床餵奶的父母，都知道嬰兒才不管你累不累，他們只想確定你知道該餵奶了！若想平安長大，就需要讓心的生存本能來控制我們的行動與決定。

但一旦前額葉皮質發展至能邏輯思考及有意識地做選擇，我們就有能力從事更多的事物。現在我們能在生命沒有危險時，拋開個人的舒適與自身利益，爲大衆利益著想，做出三贏的決定。

換句話說，我們有能力按照內在法則生活。內在法則要我們以內在狀態而非外在環境來評估自己。內在法則引導我們走向愛的內在狀態，而不是恐懼的內在狀態。內在法則的操作原理並不是生存本能，而是**良心**。依循內在法則，便不會再像依循外在法則生活時那樣，優先考慮追求個人快樂或避免個人痛苦。反之，內在法則會讓我們爲了牽涉到的各方，而樂於追求最高的利益。主導的動機是**愛**。

第一章解釋過，小時候的我們生活在外在法則之下。最理想的情況是，父母或照顧者依循內在法則運作，讓我們沐浴在愛中，而且每給予一個負回饋，就會給予十個正回饋。遺憾的是，無論有意識或無意識，我們都會接觸到與這個世界有關的信念，而這些信念導致我們懷疑內在法則的安全性，讓我們相信若不將自己的需求放在第一位，最後將一無所有。於是我們選擇了外在法則，也就是做每個決定時，都優先考慮快樂或避免痛苦的法則，也就是外在環境最重要的法則。這麼做也可以理解。

如果繼續選擇尋求快樂、避免痛苦，如果繼續認為自我保護的重要性勝過一切，若不克服恐懼，就會繼續依循外在法則生活。

即使主導做決定和排定優先順序的系統非常重要，大多數的父母卻從未與子女談論這個話題。原因顯而易見：大多數的父母不知道有這個系統存在。因此，當子女有能力選擇奉行何種法則生活時，多數父母會找孩子談，內容大概像這樣：「呃，你現在長大了，該為自己的生活負責，學習如何得到自己想要的結果了。」然後把他們認為有助於得到結果的任何方法都教給子女，不過是他們認為重要的結果。

這些父母很愛孩子。他們並不想毀掉子女的生活，只是不知道有內在法則存在，而內在法則其實是讓子女在生活中得到最佳結果的不二法門。

其實，現在是最需要內在法則的時候。我在前一章提到，有個勵志思想的領袖教導生活的祕訣在於利己。他其實是我的好友，即使我們教授的道理截然不同。我在世界各地可能有三四十位這種朋友。我們教授和相信的道理大相逕庭，但會到彼此家中過夜，真誠擁抱、相互問候。我對他們毫無敵意。

對照美國目前的政治風氣，自二〇一六年以來，似乎只要抱持不同的想法就會形成勢不兩立的局面。如果選擇根據外在因素過生活，這就是最終的結果。

如果選擇根據內在狀態過生活，就會有像我一樣的朋友圈，彼此之間可以不同意對方的想法（甚至激烈反對），不必拘束，卻仍擁有親密、尊重、相親相愛的人際關係，甚至還可能增廣見聞。

我有個在政治界頗具影響力的友人。他告訴我，無論是民主黨或共和黨的政治人物，都常聚在密室裡，舔舔手指，看看輿論的風向吹向哪邊，然後說些符合風向的話。他們的論述和政策，通常無關乎他們認定的好或壞。

這就是外在法則發揮作用；活在恐懼中的結果。

另一方面，我想到亞伯拉罕．林肯這類政治領袖。林肯在公開場合發言時，偶爾會有民眾朝他扔爛掉的蔬菜。但據我了解，無論輿論如何，他一律盡力做自己認爲對的事。

如今許多領袖人物都喪失了這樣的特質，但這種特質卻是我們現在迫切需要的，不僅是爲了個人利益，也是爲了家人、國家和世界的未來。

依循內在法則的育兒法

如果現在的你正處於教養子女最關鍵的時刻，你可能正在想：等時候到時，我該如何幫助子女避免立下人生誓言，選擇內在法則而非外在法則呢？何時教孩導子承擔後果，即使是溫和的後果，又何時只要包容就好呢？

我的想法是，幼兒的父母要絕對依循因果法則。但在教導子女認識物質世界、確保生存無虞的同時，也要讓他們沐浴在愛中。說一句否定的話，要搭配十句肯定的話。管教和指導時，要讓孩子感覺到你愛他們，不能只有管束。

切記，剛出生的前六到十二年，大腦主要處於德爾塔／西塔狀態，此時應該要生活在外在法則之下。等過了這個年紀之後，就能轉換到貝塔腦波狀態。在此狀態下會變得有能力學習依據正確的是非觀念過生活，無論結果痛苦或快樂。同時也會變得有能力延遲滿足，有時甚至會放棄享樂，選擇痛苦。（貝塔腦波狀態也是有壓力時的狀態，多數成人大半時間都處於此狀態。）在此腦波狀態下，父母能夠開始教導子女內在法則，同時教導在家裡、在學校、在操場上時，如何選擇內在法則，以及如何越來越常將內在法則付諸行動。

不過，教導內在法則並無可依循的特定規則。我還記得大兒子哈利出生時的事。我從不擔心為人父母這件事，直到在育嬰室看到他。突然間，一股極度的恐懼席捲我全身。我心想：這小傢伙將指望我在生活中所做的每個決定都是正確的。我辦不到！我會搞砸的。

我稍微禱告了一會，然後有了一個非常清晰的想法，我相信這想法來自神：亞歷，如果他知道有人全心全意、毫無疑問地愛著原本的他，愛著他的缺點和一切，就表示你做得很不錯。只需要做到這樣就行了。

我感覺所有的焦慮都消失了。我心想：好吧，也許我做得到。

從那時起，這就是我的方向：確保孩子知道無論他們做了什麼，我都全心全意地愛著他們。我相信這條法則就是教養的祕訣，也是確保子女在有能力時能過渡到內在法則的祕訣。

舉例來說，我會反覆地問兩個兒子：

你可以做什麼讓我更愛你一些？

沒有。

你可以做什麼讓我少愛你一些？

沒有。

現在我只需要說前幾個字，他們就會幫我把話說完。

只要子女知道這件事，其他事情大多能迎刃而解。

如果你搞砸了，也沒關係；如果你因為他們打破東西而對他們吼叫，只要之後跟他們一起坐下來，跟他們道歉就好。你可以說：「對不起，我生氣了，但我的怒氣跟你們沒有關係。你們打破玻璃時，我不該對你們吼叫。無論發生什麼事，我都愛你們。」

有一天我跟一位知名的心理學家兼暢銷書作家對談，他說有些父母跟子女的相處出了問題，於是向他求教。「我真不明白，」他們說：「我們是用完全相同的方式教育他們的呀。」

「呃，問題就出在這裡，」他告訴我。「他們用完全相同的方式教育子女，但沒有兩個孩子是完全相同的。」

你的指導原則並不是看著育兒規則清單照做（可能的例外是不對孩子尖叫、不動手打人），而是「在這種情況下，我可以做什麼，孩子才會明白無論他們做什麼，我都全心全意地愛著原本的他們？」每個孩子的狀況不盡相同，甚至可能每天都不一樣。

我把這件事告訴父母時，經常聽到：「等等，管教呢？」呃，我說的每句話都是為了管教呀！只是以愛的方式管教。提供自然、慈愛的後果，亦即不是因為孩子的行為在某方面傷害了你，而在憤怒中給予或為了傷害孩子而施予的後果。注意口氣和肢體語言，因為孩子很容易解讀其中的訊息。

如果你的孩子年紀較大，就要開始教他們延遲滿足和做正確的事，即使這樣短時間可能會讓他們不好受。你可以把這件事變成遊戲，讓他們選擇：「你可以現在玩十分鐘電玩，或之後玩一小時電玩，我也會陪你玩。」如果孩子選擇即時滿足，不要生氣，抱他們一下。要慈愛、溫和。記住，重要的是讓孩子選擇延遲滿足的事情，每個孩子都不一樣。在選擇延遲滿足大概五十次之後，這個程式就已經編寫完成，你也不必再玩這個遊戲了。

如果你的孩子是青少年或年輕人，而你知道他們有能力延遲滿足，就能開始完全轉向內在法則，不再處罰他們，用對待成年人的方式對待他們。我在教養子女這件事上，搞砸的次數多於做對的次數，但我仍在努力。

然而，由於記憶的劣化，即使我們被教導了愛與眞相，也可能看不見它們的存在。我們記憶中的錯誤可能正在扭曲一切，因此恐懼和謊言成了我們的預設狀態。因爲我們是由依循外在法則生活的父母和社會所撫養長大，許多人甚至不知道還有別的選擇。因此，不知道愛與恐懼的差別。許多人跟以前的我一樣，也許口口聲聲說著「愛」這個字，卻只知道愛是對他人的正面感情，但前提是我能夠得到我想要的，而他們也沒妨礙到我。或者我們是因爲聽到別人說「愛」這個字才跟著說，以爲這樣有助於得到自己想要的。倘若如此，我們會一直感覺缺少了什麼，比如說自己不夠好、做自己是不安全的，因爲我們感受不到眞正的愛，只感受到「我有什麼好處」的這種愛。

因此，當我們進入青春期、該選擇依循哪個系統生活時，絕大多數人（根據我的經驗）會繼續走上尋求快樂／避免痛苦的路途，最終依循外在法則。這個法則所根據的是你經常處於危機中的這個謊言，並據此主導了你的思維，讓你相信自己處於危險中，必須隨時優先考慮自己有什麼好處，也因此領著你走向與更重大意義和更崇高使命的相反方向。本質上，你的意識心靈已經被來自無意識的信號所矇騙，讓你產生自己經常處於危險中的錯覺，而你甚至對此一無所知。

這就是在我立下人生誓言、發誓絕不再因爲身材而遭人取笑時所發生的事。我將不惜一切代價改變外在環境，這樣我就再也不會遭受那種痛苦。我選擇依循外在法則生活。

我相信是外在環境讓我痛苦，但其實是源自內在狀態。我對外在環境做了錯誤的詮釋：我相信如果我很胖、或有粉刺、或很醜，我就是個可怕的人，不可能有人愛我。事實絕非如此。外在環境絕對無法決定我們的內在價值。

倘若試圖藉由外在環境來獲取內在價值，或許永遠也無法得到。

另一方面，只要專注傾聽自己的良心，幾乎一定能達到愛與自我價值的內在狀態以及想要的外在環境，而**良心本來就知道無論外在環境如何，你都是有價值的**。

如果你這一生都是依循外在法則運作，以上言論聽起來可能像是無稽之談。如果不專注於自己想要的外在環境，怎麼可能得到這些條件呢？怎麼可能不優先考慮尋找住處、人生伴侶、工作等外在目標呢？若不這麼做，就像踏上一條筆直通往失去一切重要事物的道路。

在青春期選擇外在法則而非內在法則（這種情況通常好發於青春期），表示相信外在環境能帶來我們想要的愛、喜悅、平靜等內在狀態。換句話說，我們期望外在結果能幫我們「買到」快樂。等從學校畢業，我們就會快樂；等找到眞正愛我們的伴侶，我們就會快樂；等買了那部大螢幕電視、換到更大的房子、到熱帶地區度假，我們就會快樂；等專輯終於獲得白金認證或登上《紐約時報》暢銷排行榜，我們就會快樂。

但果眞如此嗎？

西雅圖海鷹隊在二〇一三年贏得超級盃冠軍，當時克林特．格雷沙姆爲該球隊球員。根據格雷沙姆的說法，那一天他將永遠銘記心頭。但等日子一天天、一週週過去，他說他和隊員都在等著感受贏了超級盃的效應。換句話說，他們以爲贏了超級盃就能讓他們永遠快樂，而他們在等待這一天的到來。但這種情況從未發生。

「贏了超級盃很棒嗎？當然。我因此感到快樂，對重要意義、喜悅、愛或價值的核心需求也獲得滿足了嗎？還差得遠呢。」格雷沙姆總結道。

格雷沙姆和海鷹隊在二〇一四年重返超級盃，然後吃了敗仗。根據格雷沙姆的說法，輸球痛苦極了，但誠如他所說：「逃離痛苦的想法其實正在毀滅世界。人唯有在痛苦中，才能成長。」

史丹佛大學著名物理學家威廉．提勒博士是我的好友。他告訴我：在物理學中，不可見的事物一定是可見事物的根源，絕不會反其道而行。我們的生活也是同樣的道理。可見的外在環境絕無法帶來長久的內在快樂，唯有愛的內在狀態才能做到。內在一定是外在的根源，絕不會反其道而行。

期望是快樂殺手

接下來更深入探討選擇外在法則時會發生什麼事，特別是**期望**。前額葉皮質有個功能，稱爲「經驗模擬器」，能讓你想像做某件事並設想可能的結果，再決定做或不做，也就是「試了再買」的概念。這種想像成爲你對即將發生什麼事的期望。

你可能完全沒意識到自己創造了對未來的期望。我們理所當然地這麼做，並未察覺到自己正在創造期望，或者是在不知不覺中產生期望。你的心智在你做任何事之前，甚至包括刷牙，都會先創造它預期在你做這件事之前會發生什麼的圖像。

然而，最新的研究告訴我們，經驗模擬器很多時候都在對我們撒謊。舉例來說，哈佛教授丹尼爾．吉伯特博士的研究顯示，人類並不擅長準確預期未來將發生的事，以及對未來某件事的感受。

在哈佛大學的一項研究中，吉伯特博士及其團隊詢問參與研究的學生，對某些假想的情況有何預期。舉例來說，如果你今天買了一件藝術品，你是因爲買到了而開心，還是因爲十年後價值可能會翻倍而開心？如果你要去約會，想到的是當下開心的心情，還是約會後會發生的事？

他們不僅發現參與研究的學生可能預期未來將發生什麼事，也發現這些預期會扼殺眼前的快樂。爲什麼？**因爲預期關注的是未來，而不是當下，而你只能體驗到當下的快樂。**

這就是吉伯特稱期望爲「快樂殺手」的原因。如果你閱讀他所有的研究內容，就會知道期望不僅扼殺快樂，也扼殺健康、成功、人際關係……幾乎所有的一切，因爲每當事情發展不如預期，期望就會讓身體充滿大量的生死壓力化學物質。

原因何在？如果依循外在法則，就會相信內在的個人價値、身分、安全或快樂取決於某個外在結果，因而對該結果產生預期心理。一旦現實狀況不符合預期，下視丘就會拉響壓力火災警報。通常這整個過程從一開始就注定失敗，因爲最初的假設就是錯誤的。因此最終的結果是，不管怎麼做都無法使生活過得更好，反而還會使情況更糟，而且是週而復始，反覆如此。

舉個日常生活的例子來說明。想像你決定要去超市購買最喜歡的冷凍披薩當晚餐。你已經迫不及待想吃了！只要五分鐘的車程就到超市了。

你走到外面開車，卻發不動車子。你感覺如何？冷靜、沉著、泰然自若，或沮喪？多數人會感受到從煩躁到勃然大怒等憤怒類別的情緒。這是個徵兆，表示你的心已判定這是個攸關生死的事件，於是拉響火災警報，並派出恐懼反應小組。

假設車子終於發動了，結果路上遇到堵車。你的心又再次拉響火災警報。

然後突然下起一場傾盆大雨。喔，你心想，糟糕。火災警報！

總算停好車了。從停車場走到超市的路上，你踩到一個水坑。火災警報！

等到了冷凍食品區，你發現最喜歡的披薩賣完了。火災警報！

最後你只買了一樣東西，但十二個櫃台只有兩個開放結帳，前面各排了十二個人。火災警報！

回家路上又遇到堵車。火災警報！

終於回到家了，你開始烤披薩。結果難吃死了！火災警報再次響起。

如果你跟以前的我一樣，這個經驗可能會毀了整個晚上。或者如果你跟以前的內人一樣，可能得花三天才能完全恢復！

你對這一切外在情況的負面反應，意味著經驗模擬器正在想像和預期相反的情況。當你想像「去超市買冷凍披薩」時，經驗模擬器也正在想像汽車發動、沒下雨、沒有水坑、最喜歡的披薩供貨量充足、結帳快速、開車回家一路順暢、披薩美味可口。

當期望與現實不一致，就會出現負面反應。當經驗模擬器過於僵化，毫無變動空間時，就會因爲達成最終目標的方式與原本設定的不同，而觸發恐懼反應系統。問題不在下雨、交通、人群、晚餐內容變更；問題出在你的經驗模擬器在反應程式微小變化時，徹底崩潰了。

這就是經驗模擬器所做的事，而且它不僅爲了你到超市的那趟路這麼做，也爲了你的工作、子女的行爲、重要的人際關係，以及生活中幾乎所有的一切這麼做。

如果你相信愛、喜悅和平靜的內在狀態，取決於獲得特定的外在條件，那麼如果無法得到這些事物，你將永遠快樂不起來。確切地說，即使眞的獲得渴望的結果，你的快樂也維持不久，因爲這種快樂無法一直持續下去。

我們一直根據外在法則為自己創造出這種經驗，之後卻又納悶：為什麼我從未感到平靜？

外在法則除了帶走內心的平靜，也能帶走你想要的外在結果。

我二十幾歲剛被一家公司錄用時的主管超級拚命，也超級完美主義。我沒跟別人說，但在我看來，顯然她表現出高度的自我價值感，以藉此補償她的低自我價值感。對她來說，大家都知道她比其他人優秀，似乎是一件很重要的事，因為她張口閉口都是自己大大小小的成就。

結果她不喜歡我，因為她管不住我。我的工作是輔導青少年及其父母。她要我穿西裝、打領帶，平日八點到五點都要坐在辦公室裡。我知道這麼做反而會影響工作成效，所以我不照做。我把這件事告訴她的上司，他告訴我不必照她的要求來。從那時起，她就要我走人。後來她開始向老闆造謠抹黑我，最後導致我被開除。

我離開後，眞相大白，她也被開除了，而且還走得很不光彩，因為多年來很多事她都一直在撒謊。

外在法則不是一種永續的生活方式，而且最後還會招致麻煩，要不是無法為你得到更多想要的事物，就是危及你一開始用外在法則積累的所有物質事物。

內在法則才能讓你得到想要的內外在事物

相較之下，依循內在法則是唯一能滿足內在、外在的方式。有一個轉介的病患從洛杉磯飛過來找我。他是A型人格、千萬富翁，也是音樂界的名人。我從未見過比他更不健康的人。他的生活方式包括經常吸毒、酗酒、對婚姻不忠，還總是疑神疑鬼，擔心不正當的金融交易會讓他失去固定的百萬現金流。

不久前醫師告訴他，他可能會在十年內死於慢性病。他嚇壞了。他原本認為他的人生是快樂的絕對路線圖。

他不明白自己的行為哪裡出了問題。「你吸過古柯鹼嗎？」他問我。「超過癮的！」就算他已婚，誰規定他就不能跟年輕貌美的女性發生關係？「有機會的話誰不想啊？」他吹噓道。他擁有好幾艘船、好幾串黃金首飾，和一輛價值二十五萬美元的法拉利。

我發現他是故意追求這種生活方式：他在貧窮的社區長大，家裡經常缺錢，於是他決定無論如何都要讓自己不虞匱乏。他很驚訝自己既不快樂也不健康，因為從他的角度來看，他確實擁有了一切，而這就是他來找我的原因。

現在驚訝的人換我了。我說的第一句話是：「等我告訴你這件事，你百分之百可能會衝出診間，彷彿頭髮著火似的。」

然後我告訴他內外在法則、把人際關係置於結果之上的重要性、記憶工程的形式，以及能量運作等概念。

他沒有衝出診間，但他的肢體語言告訴我他很想這麼做。他反倒付錢給我，說聲謝謝後就離開了。

我以爲再也不會見到他，但六個月後他又來了。

「我一直在想辦法讓自己可以不必回來做你建議的事。」他說：「你說的話違背了我發誓要做到的一切，但我覺得你也許是對的。」

我們改寫他的記憶，學習實踐內在法則而非外在法則。這些事對他來說很困難，但他堅持了下來。

一年後，他最後一次來找我。他還是很有錢，也很有名，但除此之外他整個人都變了，髮型和穿著也比較不那麼俗氣。他戒掉毒品，減少喝酒，開始更善待爲他工作的人，還提高他們的薪資。他變得很寬容，不再動不動就對親近的人發脾氣。他變得更快樂、更健康，不分日夜。

諮商結束時，他向我道謝：「我從不認爲這樣的我會更快樂。」他說：「但現在的我眞的很快樂。」

最感謝我的人是他的妻子、管家、園丁和會計師。他們清楚看見他的改變，也獲益匪淺。

這是極端的例子。我專攻人際關係，也見過許多瀕臨離婚的夫妻。我以前常說，如果治好一個人，就等於治好兩個人。即使只有一人改變，兩人的關係也會迅速好轉，就像觸碰嬰兒床頭音樂鈴的其中一個吊飾，其他的吊飾也會跟著旋轉一樣。

最近我有個結婚三十年的病人。他婚姻的前半年很美滿，接下來二十年還算差強人意，最後十年兩人更像室友。患者告訴我，他絕對不敢跟妻子說這些話，但如果能從頭來過，他絕不會選擇跟她廝守終身。

我得知他父親相當年輕就過世了，才四十五歲，而他母親的心情從未眞正平復。他是老大，因此對弟弟妹妹來說，他變成亦兄亦父的角色。他母親在鎭上的名聲不大好，學校許多孩子會因此取笑他。他的人生誓言變成：我要有個讓人瞧得起的家庭。

因此，婚後他對妻子的控制欲變得很強：她每天穿什麼、跟誰互動、去哪裡，他都要管。他相信她暗地裡胡來、對他不忠或滿口謊言，無論她否認多少次，他都不信。她覺得他不信任她。她的解釋是：即使他說愛我，但如果他不信任我，肯定不愛我。

我解釋外在法則和內在法則的差異，也給他工具處理基於恐懼的記憶，這樣一來他就有能力選擇內在法則。一旦療癒了基於恐懼的記憶，他便不再困在外在法則裡，也確實選擇了依循內在法則生活，並開始運用內在法則處理更重要的問題，也就是他的婚姻。他首度將他和父母親在一起經歷的事，與他在婚姻中的行爲聯想在一起。

他之前眞的擔心妻子對他不忠，但等改寫了角度扭曲的那些基於恐懼的記憶，他的看法就大不相同了。更重要的是，他能同理她。如果一個人心裡裝著太多的痛苦，便難以同理他人。

一旦從妻子的角度看待情況，他的焦點就從試圖控制外在、圖利自己，轉移到純粹向妻子表達愛意。之前除了告訴妻子他愛她，以及認眞工作養家之外，他很少表達愛意。現在他會在白天握她的手，或輕碰她的手臂。對妻子來說，最大的差別在於他說話的口氣。她跟我說這件事時還哭了。

「從跟他約會到現在，他從未用現在這種口氣跟我說話。」她說：「他的口氣很溫和，讓我知道他對我的想法很感興趣。」

我們知道大部分的溝通都是非言語的，例如，美國聯邦調查局探員會接受解讀微表情的訓練。我聽說微表情是裝不出來的。之前，他的肢體語言、語氣和微表情都在說：「我愛妳，所以妳要爲我做這件事。」現在，根據他妻子的說法，他的非言語訊息變成：「我愛妳，我重視妳。」就這樣。當然，他並未試著改變他的非言語訊息，這些是內在改變的證據。

他們舉辦了一場婚後宣誓儀式。他爲自己多年來懷疑她的行爲致歉，並告訴她：「問題從不在妳，是我的問題。」他們重新建立了信任感。

現在他告訴大家，他知道還有另一種生活方式，而依循內在法則生活是一生中最重要的事情。他告訴我：「你知道嗎？當我認眞思考這件事，才知道它一點也不難理解。現在我做事的目的，不是爲了避免衝突，或這樣她才會以某種方式對待我。我爲她做事，純粹是因爲我愛她，沒別的原因。我做的事，跟心理平衡，或她會怎麼對我、怎麼想我無關。我們現在的關係，甚至比新婚的前半年更好。我從未要求她改變什麼，但我的改變卻改變了一切。」

心理學有一句常見的公理是：我們往往會在別人身上看見自己內心的負面問題。**你討厭別人的地方，可能只是自己內心毒性的反映**。等療癒了內心的毒性，看待事情的方式也會改變。以前你絕對不可能接受的條件，現在反而變成想要的東西。如果內心的毒性太強，可能還會在德蕾莎修女身上找到討厭的特質。在你知道你的心已經療癒了之前，不要隨便評判他人，也不要任意採取行動。

另一個病患是一名三十五歲的女性，她也有信任方面的問題。她最近和先生離婚，因此傷心欲絕。她看起來個性可愛、天眞、善良，是會讓人納悶怎麼有人捨得離開她的那種人。

我又問了幾個關於成長過程的問題，得知她從小就相信世上只有兩種人：好人或壞人。一定要當好人，否則就會下地獄，日子也會過得一團糟。決定她是好女孩或壞女孩的規則項目繁多，規定她該怎麼穿、能信哪些宗教、妝能化多厚、能跟男孩子做哪些事等等。

她遇到一個男人，也嫁給了他。對她來說最重要的事，就是取悅丈夫、做個好媽媽，這樣她就是個好女孩。即使她爲別人做了許多事，但其實都是爲了自己。她是爲了自我價值和身分而從事某些外在行爲。最後她感到沮喪。可想而知，她不可能每件事都做對，但如果眞的做錯了什麼，或先生對她發怒，她就會覺得自己是個壞女孩。

結婚幾年後，她先生外遇了，這件事讓她非常傷心。她感到焦慮、憂慮，也不想認識其他男性。發生這種事之後，她感覺再也無法信任另一個男人。

我向她解釋內在法則和外在法則。她覺得這些科學理論很有道理，但我清楚記得當我向她提到選擇內在法則時，她卻哭了起來。我問她：「妳難道不想生活中再有愛了嗎？」

「想啊，那是我最想要的，」她說：「但我現在誰也不信了。」

「爲什麼妳無法相信別人？」

「因爲他們可能會傷害我。」

換句話說，她無法控制他們。

依循內在法則生活最難的部分在於放棄控制，好比我請她拿鉗子把自己的牙齒拔出來一樣。

這是個漫長而艱難的過程。我們必須進行大量的記憶工程和能量調整，才能療癒她自幼以來心裡累積的所有負面情緒，以及必須控制生活每個層面才能有自我價值感的想法。我們也發現了許多憤怒與怒氣。

大約三個月後，她已經能放下控制，選擇內在法則。接下來的三個月，她時而依循外在法則，時而依循內在法則，也在嘗試、跌倒、再次嘗試之間反覆來回。

最後，約六到八個月後，她的記憶療癒了，而她也完全從外在法則轉移到內在法則。她第一次踏進診間時，我就知道她是個甜美親切的女士。現在她又回到那樣的狀態，從裡到外都是。

我們一起處理她的問題已是幾年前的事了。幾個月前我見到她時，她正在跟一個善良又有愛心的人交往，臉上堆滿笑容。

她抱了我一下，告訴我：「內在法則是我至今發現唯一一個保證奏效的方法，而且無論應用在哪方面都有效，連外在情況也開始稱心如意。以前無論我多努力想讓事情順利，卻從未如此稱心如意過。唯一的差別在於，現在我不必嘗試做任何事，事情就會很順利。」

這是內在法則典型的結果。

我希望你注意到，以上種種情況中的關鍵，不是改變外在環境。我不是說外在環境不需要改變，或你不應該改變外在環境。如果病人遭受虐待，我會告訴他們趕緊抽身，大多時候他們也會這麼做。我只是在說，多數人都本末倒置了：如果想先改變外在環境，反而可能對自己不利，因為或許無法做到。

如果用一句話概括內在法則發揮作用時的狀態，那就是**同理心**。我所謂的同理心，並不是因為他人的痛苦影響了你，所以你能感覺到他們的痛苦。我的意思是在對方的遭遇跟你毫無關係的情況下，也能設身處地為他人著想。你能依循的，不是「己所欲，施於人」這條黃金法則，而是「他人所欲，施於人」這條白金法則。

練習

你現在依循什麼法則生活？是外在法則或內在法則？

我發現對許多人來說，知道自己生活在哪個系統是很困難的一件事，因為多數依循外在法則生活的人，也曾盡力將愛融入該系統裡。

記住外在法則的結果。在這個法則之下如果一直努力選擇愛，最後結果會是經常覺得有壓力，最脆弱的環節也會斷裂。

此外，根據不同法則生活的兩個人，可能表面上看起來行為一模一樣……直到事情無法稱心如意。

這裡有個方法可以知道你正在奉行什麼法則：你能設身處地為他人著想，並用他們想要的方式對待他們，即使這麼做對你沒有直接的好處，或可能造成你的不便？換句話說，即使發生在別人身上的事對你毫無影響，你也能同理他們嗎？若否，那麼你可能正根據外在法則生活。

如果你正在根據外在法則生活，有印象自己選擇了這個法則嗎？

這件事可能以幾種方式發生：也許在人生當中，有一次你因為痛苦、無聊或渴望享樂，而違背了自己的信念，結果變成一個循環。你為了避免痛苦或為了得到某種快樂，而反覆做那件被禁止的事。
也或許你跟我一樣，立下《亂世佳人》那種誓言：「神為證，我絕不再挨餓。」「我絕不再肥胖。」「我絕不再讓別人傷害我。」
或者你不是自己選的，只是一直在使用與生俱來的軟體程式，曾見過那些跟你很親近的人示範這種程式的行為，而且這種狀態或多或少讓你感到舒適？

對記憶大故障的解釋差不多告一段落。如果你跟多數人一樣，選擇了外在法則，當然我也曾經如此，那麼記憶故障就不會到此結束。生活在外在法則之下，會讓你出現類似驚魂未定的生理狀態，以致無法做出最好的決定。難怪你明知道怎麼做最好，卻無法做到！而這就是下一章的主題。

第五章

爲什麼做不到對自己最好的事

在我發誓絕不再讓人取笑我的長相，選擇尋求快樂、避免痛苦，矢志堅守外在法則之後，我言出必行，而且徹底執行。這實在是太可怕了。

前一章提到，在接下來的二十年，我逐步達成每天跑十到二十公里，做三百個伏地挺身，至少做五百個仰臥起坐，風雨無阻。我注意自己的飲食，盡最大的努力把青春痘清乾淨。

在那之前，漂亮的女孩正眼都不瞧我一眼；在那之後，我跟啦啦隊隊員和學校最漂亮的女生約會。但我這麼做的理由完全錯誤。

我對體重和身材的過度關注嚴重成癮，或者說是一種執念。我會每天走進浴室，拉高衣服，看著鏡子裡的自己：有沒有哪裡的脂肪多了一點？腰部有沒有多餘的肥肉，即使只多一點點。我會每天評估這些事項六到八次，感覺自己都快得厭食症了。

要是我那天忙得不可開交，晚上應該無法去跑步，天哪，我幾乎快陷入恐慌。我要變胖了，我要變胖了，我要變胖了！是啊，一天沒跑步當然不會變胖，尤其是我前四天跑了四十幾公里，也很注意自己的飲食。

隔天爲了彌補這件事，我通常會挨餓，也許還會跑二十公里，而不只是十到二十公里。但我覺得這樣還不夠。這種想法毫無道理可言，因爲這樣已經夠了。但如果我有一天沒跑步，可能要十天後才會覺得運動量已經補足了。

我知道自己有成癮的問題，也很討厭這樣，卻停不下來。我對這麼做的成效上癮了。

我也陷入自卑和優越的循環，這種循環肯定來自外在法則。一方面，我很擔心自己復胖，感覺這眞的是一件生死攸關的問題，也讓我持續處於焦慮、成癮或自卑的狀態。另一方面，如果我表現不錯，就會心生優越感。請理解，我對「肥胖」的定義是今天比昨天胖二十八點四公克，簡直荒謬至極。

我的心情總是七上八下，從未感到平靜。

我知道今天有人會把這種情況視爲成功。我達成目標了，但我知道會如此解讀這件事的每個人，在生活某領域都過得很慘，也都是透過外在法則評估自己的生活。

當然，我並不是說運動和注意飲食是一件壞事。當我意識到想改變外貌時，本來可以說：「你知道嗎？我的身材要變好了。因爲這樣對我有好處，所以我覺得我會比較快樂。也許這樣大家就不會再取笑我，但這不是我做這件事的主因。少做一天就少做一天吧，沒什麼大不了的。」我本來可以做諸如此類的事，同時優先考慮愛的內在狀態；我本來可以有更棒的外在結果；我本來會更平靜。

但我沒有。我不能。內人會在兩秒鐘告訴你：「這是一種執念，是不健康的，已經越界了，這麼做毫無喜悅可言。」當然，我很喜歡跟美麗善良的女生約會，也可能樂在其中，但其中潛藏的焦慮和成癮總令我快樂不起來。

後來，我不得不做髖關節置換術。你猜為什麼？因為我極度畏懼遭人取笑、辱罵，擔心女生不理我，也害怕這些事會太傷我的心，於是拚命鍛鍊，差點就把身體弄殘了。

注意你許下願望的原因，以及想到願望成眞帶給你什麼樣的感覺。我心想事成了，只是隨之而來的後果太出乎意料。我以為我做的是在能力範圍內最好的決定。但我不知道的是，我其實生活在錯覺裡，一種由錯誤的記憶所創造出基於恐懼的假象，而生存反應控制了我所思、所信、所感、所做的一切。我接觸不到知道怎麼做最好的那個我，因為飽受痛苦的我拒絕聆聽。

但好戲還在後頭。二十多歲時，生活中各領域開始崩塌，包括健康，而我似乎束手無策。

我和內人在大學相遇，一畢業就開始約會，大概一年後結婚。結婚是我這輩子做過最困難的一件事。我認識一位非常睿智的婚前諮商師，他說他會跟每個找他諮商的人說這句婚姻箴言：神挑選了全世界最適合的人來殺死你。

他說：「每次我這麼說，別人都會哈哈大笑。『哈哈，說得好！』我說：『我可不是在說笑，這不是玩笑。』然後他們會說些像是『行，好、好、好，我們知道，婚姻眞的很難，大家都這麼說。』」

然後他們就離開了。他心想：你們什麼都不懂。

他說這反應完全在他意料之中。通常大約六個月後，接受諮商的妻子會打電話給他或親自來見他，說：「你怎麼知道？」六個月後，她感覺自己正在被殺死，而她丈夫也是。

我在擔任實習醫師期間曾接受蓋爾．納皮爾博士指導，他是一名優秀的治療師。他說兩人結婚時，就像各自在走道上推著一輛隱形購物車，裡頭裝著垃圾。沒人看見或聞到這輛購物車，它完全隱形。然後，過了六個月左右，購物車開始現形，也開始發臭、滲漏。其中一方的反應是：「那是什麼鬼東西？我完全不知道你推著那輛購物車。」你心想：嗯，這件事該怎麼處理呢？我完全沒料到會發生這種事。

這正是我遇到的情況。其中一大部分是內人的憂鬱症，另一部分是我是個白癡。

成長過程中，或許是因爲我有敏銳的感受力和學習方面的問題，我認爲母親對我心懷愧疚，特別是在我升上國中，其他學生開始取笑我的時候，因爲哥哥都長得很帥，人緣也很好。母親變成了有求必應的廚師。我的支票簿從來沒有收支平衡過；我開的支票會跳票，母親會幫我處理好。她會幫我處理任何大小事。你可以想像跟內人結婚時的我是什麼德行。

以下只是其中一個例子。體育是我這輩子的熱愛。我什麼運動都做過，任何體育比賽都看，所有運動項目都支持。內人的成長方式恰恰相反。她覺得運動是很愚蠢的一件事，甚至有點差勁，因爲一定會有人輸。她不喜歡運動，也不懂運動。

婚後不久，我按照一直以來的方式度過週日午後。我會泡一杯甜茶，拿一袋洋芋片，上樓打開電視觀看足球賽。這段時間，內人會在樓下廚房忙東忙西兩小時，準備豐盛的週日晚餐。這是我們各自原生家庭的生活方式，有點像是我們長大的那個地方的傳統。如果鍋碗瓢盆的聲音吵到我了，我會大喊：「嘿，親愛的，能不能小聲一點？我在看球賽。」

吃晚餐的時候，我會在七分鐘內吃完，再多拿些甜茶和洋芋片，又走上樓看球賽，留下她一個人吃晚餐，之後花一小時收拾善後。我通常會再提醒她一兩次，請她小聲一點。

忙完廚房的事之後，她會開始吸塵。這眞的惹到我了，因爲吸塵器的聲音讓我什麼也聽不到。我清楚記得自己說：「親愛的，妳能吸別的地方或改天再吸嗎？我現在要看球賽。」

現在，回想起這件事，我覺得那個人好像不是我。我怎麼會蠢成那樣？明明感受力很敏銳，還表現出那種行爲，實在是荒謬。因爲只要花三十秒思考：在這種情況下，如果我是內人，我會有什麼感覺？我知道我一定會很生氣。當時我眞的從未對此事多加思考，因爲這就是我們家的模式。我以爲這很正常。

我是個白癡，而她很憂鬱，這種情況逐漸讓每件事的壓力越來越大。接下來兩年，小事也會演變成大事。其中一件是我母親肝癌過世，另一件是我讓家裡陷入嚴重的財務困境，因爲我一向想要什麼就花錢買，再加上已經習慣一闖禍父母就會幫我收拾爛攤子。

二十五、六歲時，我會一直問自己這些問題：

・怎樣才能心情好一點、更有活力一點？（我一直感到疲憊，也飽受胃食道逆流和偏頭痛的困擾。）
・怎樣才能賺更多錢？（我即將破產。）
・怎樣才能讓妻子對我好一些？（我覺得她不想跟我發生性關係的頻率太高，似乎也很常對我感到不耐煩。）
・怎樣才能找到很棒的事業，而不是做一份不喜歡的工作，痛苦三十年？

但我越想尋求答案，情況就變得越糟。我覺得壓力越來越大，身體和心情越來越糟，跟妻子的感情也越來越疏離。我借錢參加研討會、上課、買書，但最後結果都一樣：這些課程、書籍要我做的事，我就是做不到，或者真的做了，卻沒看到承諾的結果。

起初我的想法跟大多數人一樣：問題出在我自己身上。別人在這些領域似乎都能做得很好，我卻不能，所以一定是我哪裡有問題。我原本就有此懷疑，因爲在成長過程中遭遇許多問題：我比不上哥哥，上研究所之前幾乎每科都不及格，因爲又矮又胖在學校被人取笑，還經常惹麻煩。

結婚兩年左右，我和內人都感到痛苦萬分。母親剛過世那段期間，也是內人的憂鬱症最嚴重的時候。就在這時，內人告訴我她想離婚，請我搬出去。我不想離婚，但婚後我也過得很不開心。我陷入人生的谷底。

我失去了健康、財務和內心的平靜，現在連婚姻都要失去了。

爲什麼我做不到對自己和所愛的人最好的事？

對錯的化學

外在法則使我們幾乎不可能在生活中做到最好的事，無論是關於約會、婚姻、育兒、健康、成癮、事業、財務，或最嚴重的問題。造成這種情況的原因至少有二，而第一個原因與對錯的化學有關。

根據意義的不同，我們的記憶會觸發以下四種化學狀態的其中一種：

一、**恐懼**。如果從事或甚至想像一件記憶告訴你有危險的事，大腦會指示下視丘釋出皮質醇、腎上腺素和多巴胺。逃跑、戰鬥或僵住不動，引發一連串前幾章反覆提到的負面結果。

二、**中立**。如果從事或想像的事並未觸發關於危險的記憶，但也未必能觸發基於愛的記憶，大腦會告訴下視丘可以鬆開韁繩，而我們也能理性地運用意識心靈和良心。良心是愛的羅盤，會在生死反應未啓動時自動啓動。良心包含愛和道德法則，這個程式已寫入我們心裡。良心有助於我們知道在任何特定情況下該如何選擇愛。無意識就是用這種方式幫助我們做需要做的事。

三、**愛**。如果從事或想像的事觸發了基於愛的記憶，且未觸發基於恐懼的記憶，大腦會指示下視丘放鬆，同時釋出引發愛、喜悅、平靜、力量等狀態的化學物質，因而產生一連串本書反覆提到的正面結果。

現在出現了第四種情況：有一件你非常想做但知道不該做的事，無論是吃冰淇淋或巧克力、喝第二杯或第三杯酒、追一部電視劇、婚後跟人打情罵俏或偷拿公司的筆。你現在必須決定要不要做這件事。

四、**海嘯**。如果長期從事或想像做一件愉快的事，而且你知道這件事是錯的，大腦會指示下視丘釋出與愛和恐懼有關的所有化學物質：

- 多巴胺。
- 正腎上腺素。
- 催產素。
- 血清素。
- 腦內啡。

這波大量的化學物質相當於藥物過量，導致你失去對行為的控制力。這波化學物質絕對抵擋不了，並常導致成癮行為。

研究人員在研究網路色情時發現這個現象。他們注意到參與實驗者在觀看色情片時，如果認爲這是一種不對的行爲，就會經歷這種化學海嘯。如果觀看色情片的人不認爲這麼做有什麼不對，就不會引發如此猛烈的化學海嘯。

這令我想起《聖經》裡的一句諺語：如果你認爲某件事是錯的，但你還是做了，那麼對你來說，這件事就是錯的。

對我來說，這是很令人讚歎的一句話。如果你認爲在人行道撿到百元鈔卻據爲己有是錯誤的行爲，卻仍這麼做，你的身體就會出現類似殺了人的化學反應（雖然強度顯然比較弱）。從化學反應來看，我們知道古老的智慧所言甚是。

但如果做了一件我們認爲不對卻很愉快的事，這些化學物質就會全數傾巢而出。這就是導致成癮的原因。續用上述網路色情的例子。由於體內釋出的化學物質海嘯，會讓人感覺活力充沛、精神亢奮，也會產生渴望和滿足感，甚至會感受到類似愛的情緒。然而，等化學物質釋出的那一刻過了之後，這些感覺和想法通常會立刻轉爲內疚、後悔、自我厭惡等，因此之後必須做其他事來處理這些新的問題。他們最初觀看色情片的原因，是爲了處理一組不同的問題：無聊、未獲得滿足的欲望、釋放壓力等。等第二組問題減少之後，第一組問題通常會再度出現，結果是讓人陷入惡性循環，不斷重複相同的行爲。現在，他們產生了化學依賴性，離不開體內的化學物質。他們也有了同時擁有愛（好）與內疚（錯誤）標籤的人（影片中觀看的人）的記憶。

結果是什麼？再怎麼堅強的人也無法抵擋。一旦越了界，幾乎再也無法回頭；一旦長時間想像終於做了某件你認爲錯誤的事，就會成爲體內化學物質和電子信號的傀儡。這比只有恐懼還糟糕許多。這種組合的作用非常強大，以至於一旦達到某種程度，就幾乎無法抗拒，誰都不能。在我看來，這是性和肢體騷擾的原因，也是每天聽到的所有仇恨暴力的根源。這些人都是好人，但他們明知哪些事該做卻做不到，明知哪些事不該做卻無法克制自己。因爲不了解體內這種化學海嘯的成因，所以往往會歸咎於外在環境，並合理化自己的選擇。

多年前，我在環球影城乘坐過綠巨人浩克雲霄飛車。天哪，它行駛的速度也太快了吧！但如果長時間持續想像做某件我認爲是錯誤的事，那麼雲霄飛車的速度還遠比不上我感受到的化學激流呢。當然，引發這種化學反應的不僅是網路色情，而是任何我認爲愉快但錯誤的事。對我來說，可能是喝一罐胡椒博士可樂；對內人來說，可能是吃巧克力。也就是任何收錄在令你感到內疚的快樂清單上的事物，而且感受到的情緒越強烈，所激發的化學海嘯也越猛烈。

這種現象通常發生在大腦處於恐懼狀態時，也就是活在外在法則下的時候。此時的你已處於不安定且痛苦的狀態，所以正在尋找快樂或令你分心的事物，即使明知那件事是不對的。這並不表示依循內在法則生活的人絕不會做出任何刺激或違法的事，只不過他們經歷的化學海嘯不至於讓自己無法克制行為或重蹈覆轍。受制於恐懼時，無意識寧願你選擇錯誤，也不願你選擇痛苦，因為人類基於恐懼的基本生存程式是尋求快樂、避免痛苦。活在外在法則之下，尤其如果接近完美主義者，想想會有多少事會被認為是「錯誤的」，而且這場化學海嘯在一天當中會被啓動多少次！

根據醫學博士丹尼爾．亞曼的說法，被重啓的記憶會引發跟原始事件相同的化學反應。所以，雖然只是想像或憶起做那件錯誤但愉快的事，體內也會釋出同樣的化學物質。

確切來說，在做一件錯誤的事之前，一定會先在前額葉皮質的經驗模擬器中想像這件事，還會把它想像成一件好事（或至少是愉快的事），否則就不會付諸行動。但經驗模擬器正在對你撒謊。誠如丹尼爾．吉伯特所說，多數人都極不擅長預測自己將經歷什麼樣的事情！同時，你知道自己不該做這件事，因而導致皮質醇分泌。但最後還是做了，因為在想像那件事時，你感受到令人愉悅的影像和化學物質。此外，皮質醇、多巴胺、催產素更強化了這次的化學體驗，於是很快就欲罷不能。

因此從本質上來說，你同時經歷了「錯」和「好」，這就是引發如此強烈反應的原因。過量的化學物質會開始摧毀催產素的正面效果，甚至現存的愛的記憶，並將「愛」的標籤分配給對你來說其實是錯誤的事，因而改變無意識對愛的定義。如果在事發當時釋出的是腎上腺素，這件事就會被標注為恐懼事件；如果釋出的是催產素，就會被標記為愛的事件。

以下舉另一個例子。小時候《達拉斯》這部電視劇非常受歡迎，每週都會播出新的一集，內容不外乎是說謊、欺騙、外遇、陰謀、密謀等。今天這類節目多達數十部。母親迷上了這部電視劇，一集都不能錯過。只要有人問她，她就會說：「我知道不該看，但我一定要看J. R.接下來做什麼，然後哈哈大笑！」

於是她每週都躲進房裡一個人看《達拉斯》。小時候我們不准看這部電視劇。父親是虔誠的教徒，家規甚嚴，對這種電視劇避之唯恐不及。即使我們這些孩子覺得劇情很好笑（父親當然不這麼覺得），母親還是認爲她不該看這部電視劇。我可以保證她每週都在經歷化學海嘯，導致她持續出現成癮循環。

有研究說，重要的是你的信念。因此我的建議是：如果決定吃半加侖的冰淇淋，就好好享受每一口！有些我見過最不健康的人卻自律甚嚴，從不款待自己，這好比在煮沸的鍋上蓋蓋子。當然，要盡量保持整體平衡。重點是：試著在生活中做自己認爲對的事；犯錯時，向神和他人認錯，然後原諒自己。

然而，如果你身在外在法則系統中，就很難這麼做。你不僅會有一長串的「錯誤」事項清單，也經常處在恐懼狀態中。這表示你被設定成要優先考慮尋求快樂、避免痛苦，關於對錯的思考則是次要的。

一天當中，你有多少次做認爲錯誤但愉快的事，並在體內釋出過量的化學物質？在這種情況下，怎麼可能選擇做對自己最好的事？你已經被設定成每次都會失敗了！

驚魂未定狀態

持續從事帶來一時快樂但錯誤的事，會讓我們不斷接收過量的化學物質。此外，選擇外在法則會造成本來知道怎麼做最好的大腦部位無法發揮作用。

首先，選擇基於恐懼的外在法則，基本上就已經是讓自己經常處於生存模式的狀態。大腦知道無意識比有意識的意志力更能幫助我們生存。無意識與意識的速度差距，好比現在的超級電腦和一九五〇年代第一代電腦的差異。換句話說，如果生存是我們的目標，那麼想靠有意識的自由意志生存，無異於自殺。我們會受傷，可能還會喪命。如果受限於意識心靈的反應時間，那麼任何追撞事故幾乎絕對來不及避開。幸好，在這些情況下，無意識會強勢接手，繞過意識心靈，在你有時間思考這件事之前就指揮你的腳踩煞車。

無論好壞，人類與生俱來的程式設定不會讓我們有意識地處理這些情況。在發生車禍時，這是很棒的設定，因爲可以救你一命。但倘若生活中的一切皆由恐懼所驅使，無意識就成了最好的駕駛。所以，當我們選擇外在法則時，無意識心靈會讓心智的生存功能坐上駕駛座，強制執行基於恐懼的想法、感覺、行爲和大腦化學，導致我們無法輕易接觸到良心和大部分的意識心靈。換句話說，無意識傳達的是：「離開駕駛座，坐旁邊去，這裡交給我們。」

我能想到最好的比喻，是處於驚魂未定的狀態。假設琳達出了車禍，頭部撞出一道傷口，手臂也刮傷幾處，除此之外毫髮無傷，但車輛全毀。她坐在路邊，醫護人員抵達後，開始跟她說話，但她毫無反應。

醫護人員受過專業訓練，於是問道：「琳達？琳達？琳達？妳叫琳達嗎？妳是不是住在密西根？妳先生叫湯姆嗎？」他在她的眼睛前方拍手，也許還會拿嗅鹽給她聞。他說：「好了，琳達，妳嚇壞了。沒事了，我們會照顧妳。」

好了，這是怎麼回事？這裡發生的情況是，琳達不在了，無意識的生存心智接手，在這種情況下也把她帶走了。她躲進心裡了。不是她選擇這麼做，而是無意識心靈命令她這麼做。

這是心智每天在你我之中不斷運作的一種極端形式。根據我們經歷的痛苦以及選擇在生活中依循的對錯系統，無意識心靈接手掌管、並將它的觀念灌輸給我們。這麼做短時間可能會有效果，但長期下來往往有害。你將無法取得良心和意識心靈最高等的能力，因爲無意識正聚焦於讓你活下去。

所以，當你最後選擇了外在法則，無意識就會這麼做。它會讓你活著，即使不是採取對你最好的方式，即使它必須騙你去做這件事。

重點是：前幾章一直在描述的記憶故障，多數人大多時候其實都處於輕微驚魂未定的狀態。你的無意識心靈已控制了部分的意識心靈。現在，你的經驗失眞了，是經過過度警戒的鏡頭過濾後的經驗。這個鏡頭寧可過度保護，也不願過於脆弱，而且它強制執行的想法和感覺一定是負面的。

更糟的是，你的生存心智欺騙了你，讓你相信控制權在你手上，所以你相信這些其實是自己的選擇，而且完全合乎情理。但實際上，你正耗費大量能量，不斷合理化爲什麼你相信地球其實是平的。

因此，處在這種狀態時，若想嘗試新的節食方式，改善身體健康，會發生什麼事？做不到！開闢新的職業生涯，做喜歡的事或更成功？不行！改過自新，開始優先考慮健全的人際關係，如此才能在生活中感受到更多的愛、喜悅與平靜？絕不可能！在空格裡填入任何你想做出的重大、正面、持久的改變，得到的回答都是：答案錯誤，感謝參與！至少長遠看來會是如此。

爲什麼？因爲這些決定每一項都必須經歷短期的痛苦和不適，才能獲得長期益處。所有正向成長皆是如此。不過，有件事是生存腦沒有能力做到的。它執行的程式，是痛苦等於危險、等於死亡，享樂等於好、等於快樂。但這是個謊言。最後無意識將決定某種飲食方式、某種新的運動習慣或某份新工作，而與學習曲線有關的短暫痛苦正在殺死你，於是命令你吃這袋餅乾、看一些無腦的電視節目、回頭做那份沒有希望的工作，或再承擔過量的工作。無意識將命令你去做能帶來短期快樂或減少痛苦的事，這麼做往往讓你陷入惡性循環（習慣或成癮）。

但是，請聽清楚這句話：這不是你的錯！無意識心靈接管了決策功能，因爲在你的大腦和神經系統中的記憶故障，已經過數千年的演化。這是科學家最近才發現的事。因此，你是帶著故障的記憶出生的，所有人都如此，而且情況一代比一代更糟糕。

諷刺的是：如果生活在慈悲系統裡，那麼即使無法經常做最好的事，也不必太擔心！之所以會擔心，是因爲我們選擇了生存系統！

約三％的人能憑藉一己之力，做自己認爲正確的事，過最好的生活。無論原因是什麼，他們沒有多數人都有的無意識「垃圾」。如果你也在這群人之列，你一定知道。你的想法和行爲通常都很正面，而且當你想有所改變時，執行起來也不困難。你會很快走出傷痛，也很可能成功（以自己的方式）。

至於我們這些人，無論多麼努力，都無法始終如一地做自己知道最好的事，而且當我們做不到時，還無法原諒自己。

自由意志的錯覺

數十年來，研究人員幾乎一直在說這件事，卻無人關注他們在說什麼。我認爲這是因爲沒有人想相信他們說的話。不久前，《大西洋月刊》刊載了一篇文章，探討標題爲〈沒有自由意志這回事〉的研究所隱含的意義。該文章羅列了自十九世紀以來，尤其是過去幾十年的研究。這些研究確定人類的行爲並非自由、有意識的選擇結果，而是潛意識與無意識大腦活動的結果。

當這些研究人員說，你沒有選擇想法、感覺、行爲的自由意志，其實他們眞正想說的是，你沒有能力爲自己和關愛的人，選擇最成功、最快樂、最好的方式。本質上，你幾乎就像個木偶，卻以爲自己是眞人！

在《大西洋月刊》的文章中，一名接受採訪的研究人員表示，儘管證據確鑿，但沒有人知道最好。只要對科學和研究人員略有了解，就知道這句話聽起來多麼荒謬。「不要告訴任何人我傾注畢生心血的成就、我突破性的發現……」你有事嗎?!

他們爲什麼要隱瞞？因爲研究人員至少知道這件事你無能爲力。再更進一步研究之後，研究人員也知道，如果認爲自己沒有改變生活的自由意志，快樂與滿足感將大幅降低，甚至可能乾脆放棄。

但是，自由意志的錯覺這個想法根本不是新觀念：國家地理雜誌出版的《大腦使用指南》（*Your Brain: A User's Guide*）稱之爲「意念的錯覺」，其引用的研究顯示，無意識心靈在意識心靈出現任何活動之前，便會達到電子高峰。其他研究發現，由無意識控制的迷走神經，對我們的想法、情緒、行爲有著顯著的影響。

我曾問威廉·提勒博士，根據他數十年來的研究和實驗室測試，他認爲什麼最重要。他說：「意念。」我問他是否相信無意識意念和意識意念的存在，他的回答是：「當然，而且通常要等到侷限你的無意識意念修復之後，意識意念才能發揮作用。」

許多世紀前，古老智慧的手稿以不同的措辭，描述了同樣的現象：「我所願之善，竟不行之；所不願之惡，反行之。」這句話出自歷史上著名的宗教人物使徒保羅。前幾天我跟朋友共進午餐，他對我說：「爲什麼我一直做我不想做的事，卻做不到我想做的事？」今天多數人還在問同樣的問題。

這也是暢銷書作者史蒂芬．柯維所稱的「急事的暴政」。這就是我們明知道根本上有些事最重要，卻無法優先處理。我們都經歷過這件簡單的事：我們無法完全掌控自己的想法、感覺和行動。這種情況已持續很長一段時間，只是科學最近才得以解釋發生的原因。

如果這一切都是眞的，那麼研究人員建議我們怎麼做？嗯，基本上，認爲最好隱瞞眞相的人會說，我們應該欺騙自己。只要繼續相信以下錯覺：意識心靈和意識意念正主導著我們的行動（即使這與科學論述背道而馳），如此，當我們過著妥協且功能失調的生活時，就不會徹底自我毀滅！換句話說，我們應該相信並生活在謊言中，因爲我們最多只能做到這樣。這就是「安慰劑」在這種情況下眞正的意思：相信一件不眞實的事。而這正是多數個人發展作家與專家叫我們做的事（無論他們是否意識到這一點）。他們告訴我們，若想過著有意義、有使命感的生活，就必須確定哪些是我們認爲最重要的事，並擬定以那種方式生活的計畫，然後運用意識心靈和意志力去遵循這項計畫。他們要我們相信以下謊言：我們的意識心靈比無意識強大；我們能控制自己的想法、感覺和行動。如果你記得《駭客任務》的話，這就像他們要我們再服用一顆藍色藥丸，繼續待在錯覺的世界裡！

根據這些專家的說法，我們的另一個選擇是大幅降低對自由意志的定義，接受生活是由無意識所管理，跟其他哺乳類動物一樣，並充分利用我們所擁有的有限自由意志。根據外在法則，我們跟動物一樣，無法改變生活主要是爲了尋求快樂、避免痛苦的事實，只能充分利用活在生存模式中的情況。這就是爲什麼有些專家已經開始將重心置於幫助我們適應壓力，或找出壓力的正面影響。有些研究發現，我們對壓力的認知，亦即壓力的思考模式，可有效抵銷某些壓力造成的負面影響。

乍聽之下，這似乎是好消息，但其實同樣也是舊聞了。這些研究只是更進一步證實安慰劑的效果。安慰劑效應，或是否相信某樣東西有效（或無效）的力量，數十年來已眾所周知。當你相信某樣東西會帶來正面影響，對約三〇%的人來說，這樣東西眞正的正面影響便會顯著增加，但通常只維持一小段時間。換句話說，這樣東西只會在有限的時間內發揮有限的正面影響。唯一不同的是關於安慰劑效應的科學思考模式：有些科學家開始美化安慰劑效應，而不是將它視爲無法解釋的窘境！

沒有改變的是壓力對我們的負面影響。研究人員所說壓力的正面影響，發生在用正面思考模式看待壓力的時候，但這只是一種正面信念（安慰劑）和壓力的負面存在綜合而成的生化反應。例如，壓力能提高工作效率，因而獲得加薪及伴隨財富增加而來的一切。短時間內，這可能是眞的，但壓力所造成的一切負面影響依然存在，例如皮質醇過量和暴跌、免疫系統受到抑制、感覺與思考鈍化、創造力下降等。如果這些例子還不夠，最近的研究還顯示，皮質醇也與大腦萎縮和記憶問題有關。

若想眞正且持續從壓力解脫，就必須問道：爲什麼要屈就於時間有限、效果也有限的正面效果呢？所有這些積極的結果，愛的正面化學物質都能做到，而且沒有任何負面影響。爲什麼不大幅降低或徹底消除壓力，感受長期、徹底的轉變，讓生活越來越好呢？爲什麼不從一開始就擺脫壓力源，尤其如果它本來就是以內在謊言爲基礎的呢？

我相信這些研究人員的表現已經非常出色，而且是眞心想助人。我也認爲因爲他們以爲壓力源無法消除，所以才會將心力投注於善用壓力源。但壓力源是可以消除的。在安慰劑的生活裡，心中只有少量的愛與眞相，卻有著大量的恐懼與謊言。而以愛與眞相爲預設值的生活，和安慰劑的生活，兩者之間的差距，有如蠟燭與太陽。

我反覆提到的記憶大故障，就是許多專家聲稱「人是不會改變的」原因。我不贊成這種說法，但我人微言輕。長期改變負面模式，再也不必只是罕見案例。過去我們的失敗率是九〇%，但我相信現在成功率能達到九〇%。不過，在我告訴你如何克服這些毀滅性的內在模式之前，請容我總結一下本書到目前爲止討論過的內容。

第六章

記憶大故障總結

本書到目前爲止探討了許多東西，我知道有些可能難以接受，但希望你至少覺得有些內容讓你鬆了口氣。你本來就應該過著愛、喜悅與平靜的生活，而且你心裡已經有了創造這種生活所需的一切。如果明知道生活各領域中怎麼做最好，卻總是難以做到，你現在知道原因出在第一部反覆提到的記憶大故障了吧。

由於記憶故障的緣故，當你的心（包括無意識、潛意識、意識心靈和右腦）透過記憶的鏡頭解讀資料，我相信它會經歷類似以下三個問題的流程。但是，別忘了這不是在尋找眞相，而是尋找記憶對眞相的內在定義，而且這些定義極可能與眞相不符。這三個問題如下：

一、**你是安全的或有危險的？**這不僅是安全與否的問題，而是你感覺自己在生理和非生理方面安不安全。如果感覺有危險，那麼其他事情都不重要了；你的心會開始按下某些按鈕，導致前額葉皮質和良心無法發揮作用。生存機制接管，讓你全身上下充滿恐懼的化學物質。情況就是如此。

如果你沒有安全上的顧慮，那麼大腦就會前進到下一個問題。

二、**你正在依循哪一項法則？**如果是外在法則，你的想法、感覺和大腦化學只會有一個意念，就是讓你活下去，且盡可能讓你感到舒適。為自己做正確的事，現在變成一件生死攸關的事。大腦會按下按鈕，執行簡單的刺激／反應獎懲。接下來，如果做了自認為正確的事，可能會產生虛假的驕傲感，或只是感覺逃過懲罰。如果你認為某件事是錯的，卻還是做了，大腦就會開始接連按下新的按鈕：內疚按鈕、羞愧按鈕、無足輕重按鈕、雙重生活按鈕，然後大腦就會前進到下一個問題。

三、**你是誰？**如果前一題的答案是外在法則，你的心就會開始按下相關的身分按鈕，例如「你的價值，取決於你的作為與財富」。如果根據這項法則生活，你幾乎從不相信自己有天賦、獨一無二、能對世界產生莫大的貢獻（或者如果你做到了，可能會心生傲慢）。你會困在優越感和自卑感的循環裡，並根據與周遭人比較的結果來評判自己。

如果第一題的答案是很安全，第二題的答案是內在法則，你的心會根據真正的身分按下按鈕，例如「你是個好人！你有天分；你是有價值的；你擁有真正需要的一切；你是獨一無二的。」你可以在生活中做自己需要做的事，並充分享受所經歷的一切。即使發生痛苦的事，也有能力恢復。你能信任，並相信一切都會否極泰來。

（問題一和問題二的答案通常是一致的，不是同時否定就是同時肯定。）

然後，經過以上三問題流程之後，你的心會開始運用針對目前情況而選擇的法則。如果你選的是外在法則，你的心會說：「好吧，這是你的選擇。」於是開始強制執行恐懼及隨之而來的一切。我們可以選擇外在法則，但一旦做此選擇，這套系統便決定了我們會有哪些經驗，直到我們做出不同的選擇。壓力是你的心按下的第一個按鈕，因爲你必須每件事都做得完美無瑕，才會覺得自己沒有問題；或者你已經不再努力把事情做對，因爲已嘗試多次，卻仍無法做到（這是我自己的經驗）。壓力的目的是讓你再多活一天。

如果你選的是內在法則，你的心按下的按鈕完全不同。它會問：「好，在這種情況下，你要如何才能喜歡做某件事，即使過去曾有過不愉快的經驗？現在怎麼做才對？在這種情況下，要如何才能優先考慮人際關係？在接下來的三十分鐘，要如何才能無論做什麼心中都充滿著愛？你能做哪些事，讓這個世界、讓家庭變得更美好，讓你盡可能成爲最好的自己，而且變得快樂？」

如果你選的是外在法則系統，那麼上述問題甚至不會出現在無意識的雷達螢幕上！這些問題可能正在你意識的雷達螢幕上，也可能是意識心靈唯一考慮的事。但你的無意識將不斷阻撓最好的意念，這就是爲什麼你必須費盡一番辛苦，才能持續在最重要的生活領域做對自己最好的事，也是爲什麼明知道有些事不是最好的，你卻一直做的原因。

每當新的一天到來，你的心面臨新的體驗時，會在一瞬間完成以上的三問題流程。多數人會困在問題一，因爲在他們的記憶裡有著太多錯誤，也從未感覺完全安全。但即使通過這個問題，第二個問題也會問倒你，因爲絕大多數人受制於錯誤的法則，也常以爲這是唯一的法則。

從內在狀態和生理化學的角度來看，記憶故障類似每次打開瓦斯爐，當地消防隊就會出現在你家門口這種情況！所以，每當你開始煮晚餐，就會聽到警笛大作，然後消防隊員就會出現，叫所有人到屋外！

如果這種事發生在我家，我們會不惜一切代價不煮飯、不用瓦斯爐嗎？我們會買護耳罩給自己和家人，並在可忍受的範圍內盡可能使用瓦斯爐嗎（雖然盡了最大的努力，卻因爲太常訂外食而影響健康）？我們會每天早上靜心好幾小時，如此刺耳的噪音才不會造成太大的困擾嗎？不會！我們會想：天哪，火災警報嚴重故障了，得找人修好或換掉。我們願意忍受這種事的唯一可能，是認爲煙霧警報器修不好。

這正是生或死的生存反應情況。它顯然故障了，但我們卻從未想把它修好，以爲因爲壞掉的警報器修不好才會有這種感覺，或持續的壓力是正常的，只設法度過每一天；盡可能做到最好，卻不曾停下來弄清楚是否可能有更好的做法。

我們瘋狂運動，服用營養補充品，食用超級乾淨的食物，藉此抵銷長期釋放皮質醇對身體造成的負面影響，或乾脆放棄。我們每天靜心好幾小時，試圖稍微擺脫快被壓力逼瘋的想法與感覺，也可能選擇飲酒、吸毒或從事能帶來一時快樂的極端（但不健康的）行爲。以上種種只爲了處理原本不必處理的問題：一定要修好，就像火災警報器或噴到地板上的水！

我們感覺與自己的意義和使命脫節，因爲行爲受制於戰或逃反應：我們要不是在逃離內在火警故障的痛苦，要不就是在尋求任何可暫時逃離這分痛苦的快樂。

回想人類最原始的生活，當時內在的恐懼警報器只會在眞正緊急的狀況下響起。如果成長過程中，主要生活在愛、喜悅和平靜之中，滿心期待每天發生的事，然後突然間，每個人的內在火災警報器都開始像現在這樣故障了，屆時全球將陷入恐慌！我們會以爲人類又遭逢最嚴重的全球傳染病，因爲我們還記得當意識心靈、良心，和無意識正向、和諧共處時，大多時候自然而然出現的正向行爲。然而，因爲數千年來記憶逐漸發生故障，有如慢水煮青蛙，渾然不知死期將至，我們以爲這很正常，因爲周遭所有人都這樣過日子，但這只表示所有人都退化至同樣的程度。

唯有到了生命的盡頭，才會回首過往，思索：我怎麼會落得如此下場？若能再活一次的話……

有另一種活法。

第一章提到，左腦有一項非常重要的功能，就是讓你能夠隨時選擇致力於內在法則。這是最重要的選擇。只要能明白這一點，就什麼都明白了。

無論你是以什麼方式活到現在，都能在今天選擇優先考慮對自己有利、當下感覺不錯的事，抑或全心全意地去愛，無論快樂、痛苦或最後結果如何。

這個選擇是什麼意思？它的意思是：「即使我不快樂，甚至更痛苦，無論發生什麼事，此時此刻我仍竭盡所能，全心全意地去愛。無論是否得到我想要的，我都全心全意投入，毫無保留，無備用方案，無安全網，永遠如此。」

火箭升空前，會先用機械裝置固定住，以免在準備就緒前意外升空。一旦倒數計時開始，任務控制歸零，就會解開這些安全裝置，於是火箭便按照原本設計的方式發射。

你的生活就像被心的安全裝置鎖住的火箭。你必須被鎖住，直到意識心靈發展至能眞正在內在法則和外在法則之間做選擇。火箭尙未升空時，安全坐在裡頭的你不可能死於非命。但一旦火箭升空，速度高達每小時數千公里，過程中你很可能意外喪生。這就是爲什麼你的心傾向於不讓火箭升空，除非它相信飛行計畫萬無一失，才會讓你起飛，快速升空。

爲了致力於內在法則，我必須放棄最終結果。哪個最終結果？全部。我會被愛或被討厭？我會富裕或貧窮？受歡迎或不受歡迎？健康良好或慢性疼痛？別人會不會愛我？我必須努力工作或輕鬆度日？我必須放棄控制所有最終結果。現在試圖控制最終結果已不再是我的職責，而是愛的工作，而愛的力量比我強大一百萬倍。我從那些選擇把結果交給愛的病人口中，聽到的全都是：哇，我的癌症消失了！我賺到的錢比想像得多，怎麼會這樣？

以下是我對怎麼會發生這種事的想法。我認爲我們這一生的使命是選擇愛而非恐懼。就這樣。我會選擇愛或恐懼？這得由自己決定。我每天醒來，都是完成此生任務的另一次機會。我又多了一天，有機會選擇愛而非恐懼。

你的心總是在注視著你，看你會選擇哪種做法。

我認爲你的心是這樣子看這件事的。它知道愛的能量，比有意識的努力強大一百萬倍。因此，愛是唯一一個比活下去更重要的事物。在你選擇無論如何都優先考慮愛之前，避免死亡會是唯一一件重要的事，只爲了讓你能多活一天，有另一次選擇愛的機會。當你選擇了愛，死亡就退居次要，不再是最重要的事，這也是一切都將改變的時候。

如果你是自己做出這個選擇，你的心就會宣布：「注意！他終於明白了！移除安全裝置！讓他飛翔！」

當我們承諾無論最終結果如何，都會奉行內在法則，此時此刻盡己所能活在愛中，我們的安全裝置就會解開，生活也將發射升空。

爲什麼？因爲現在安全了。你終於領悟到生活中最重要的事是什麼，而你的心也知道。你贏得了人生！

這麼做能讓你重新取得自己的最佳資源，亦即你的良心和意識心靈，而它們也會開始盡本分：創造看似奇蹟、永遠三贏的結果。

以下是我發生的事。內人把我從家裡趕出去之後，我也把一切都扔掉了。我對神說：我現在連祢是否存在都無法確定了。我開始閱讀找得到的每一本宗教文本，請教研讀這些文本數十年的人所教授的內容。我尋找智者，問他們沒完沒了的問題，也開始一反常態地禱告、靜心。

我因此經歷了一生中最深刻的心靈轉變，也在《夢想密碼》提及這個轉變。一天深夜，我感覺神在對我說（我腦海裡的念頭，而不是聽得見的聲音）：「你不僅不愛你內人，甚至連愛是什麼都不知道。」

這就是我聽到的全部。我想再多聽一些，卻只聽到這兩句話。於是我到圖書館，翻遍找得到的每本字典、教科書和宗教文本，查閱愛的定義。我和宗教領袖交談，也和敬重的人交談，甚至還和一位認識的律師。

最後，我開始相信那個聲音是對的。我明白我只在乎我要的性、我要的食物、我要的樂趣，而內人曾盡力提供我這些事物。我開始相信，愛意味著全心全意投入一段感情中，無論發生什麼事。

我過的根本不是那樣的生活，我把日子過成了一份商業交易。我必須放棄控制，才能眞的愛內人。

就在這時，我遇見了賴瑞．納皮爾，從那一刻起，他就成爲我的心靈導師，開始教導我內外在法則。

由於外在法則在我心中根深柢固，我半夜會盜汗，還會做可怕的惡夢。外在法則實在是太強大了。它的觸角深入生命的每個部分，所以感覺有點像是在驅邪。

我之前一直相信外在法則是唯一的法則。它不是選擇，而是事實。若想過成功的生活，就必須弄清楚如何把事情做對、如何擬定計畫、如何越來越努力，好讓計畫奏效。我一直在想：這項法則是不容妥協的。說我能選擇內在法則，就像在說我選擇相信地球是平的。有些事你有所選擇，但這件事不行！

嗯，大概過了六星期後，我逐漸明白賴瑞一直以來教我的法則是眞的，而且我是有意識地選擇了這項法則。雖然尙未完全相信，但我眞的知道。

某天夜裡，我感覺神在問我，既然知道了什麼才是眞正的愛，也就是沒有安全網、沒有備用計畫、毫無保留，那我現在會選擇愛內人嗎？即使我倆的關係毫無改變？我並未立刻回答。當時她想離婚，這表示選擇愛可能意味著就算她嫁給別人，和別的男人生兒育女，我也愛她。我眞的願意這麼做嗎？

但最後，經過幾天的思考和禱告，我終於能做決定了。是的，我會用那種方式愛內人，全心全意地愛她，沒有任何附帶條件，永遠愛她，而且是打從心底許下這個承諾。

這就是我的心等待的選擇。就在這時，我脫離了驚魂未定的狀態，也能夠本諸良心，運用完整的意識心靈。我不僅知道什麼是最好的，也有能力實際做到。

這也是我改寫兒時立下的自我毀滅式的人生誓言的時候，就好像有人取出了某個軟體程式，再放入另一個程式。我根本不必付出任何努力，彷彿正在從第三者的角度觀察自己，心想：哇，怎麼會這樣？

致力於愛時，有一件很酷的事情是，你的心首次不再優先處理基於恐懼的錯誤記憶，而是優先考慮基於愛的記憶。我感覺又像個孩子似的，心中充滿了愛，開心得不得了，就像小時候快開學前的心情，只不過現在的我是個有推理能力的成年人。

在我被趕出家裡約六星期後，我又開始和內人約會。後來她告訴我，從見到我的那一刻起，她就知道我變了。我們舉辦了一場婚後宣誓儀式，比從前更愛對方，而愛本來就該是這個樣子。我用畢生從未感受過的熱情愛她，而她也對我有同樣的感覺。我們無時無刻不在擁抱、親吻，這種感覺眞是太美妙了。

經歷了以上種種之後，我確定自己拿到了靈丹妙藥，於是興沖沖地教導所有病患。你猜怎麼著？沒有一個人做得到。

爲什麼？因爲他們想憑藉意志力做這件事，這樣還是在控制結果。換句話說，他們想依照外在法則的規則全心全意地去愛，這絕對是行不通的。

那時我才領悟到，即時覆寫這種事並不會發生在每個人身上。之後幾年，我想出了一個按部就班的記憶工程法，幾乎對每個患者都有效。

爲什麼我能自發性地轉變，但許多病人卻需要一套更機械化的方法，才能改變他們的記憶呢？

我相信那是因爲我的人生已跌落谷底。實際上，我跟許多人聊過，當他們的人生也跌落谷底時，都曾經歷類似的自發性轉變。但是，若能早一點接觸到這種機械化的方法，或許我一開始就不必墜落谷底了。

我在病人身上看到的是：使用記憶工程技術，不必墜落谷底，就能徹底改變。

這就是我撰寫本書的原因：讓你不必墜落谷底。因爲我曾見過太多患者找回自由意志、療癒記憶、過著卓越非凡的生活，而這原本就是他們的身心靈該擁有的生活。

持續的壓力反應在今天可能是件稀鬆平常的事，但這種反應是不正常的。這是一種故障，但這種故障是能夠修復的。本書第二部將教你怎麼做。

第二部

記憶工程技術

第七章
能量醫學的基本知識

在進入記憶工程技術的具體細節之前，必須先處理兩個基本概念：能量醫學與記憶工程。

有一天，我跟朋友威廉・提勒博士共進午餐，他是史丹佛大學前物理系主任。席間我問了他一個問題。

「這輩子我一直聽到愛因斯坦著名的方程式，E等於mc平方，但我還是不懂。這個方程式究竟是什麼意思？」

「嗯，亞歷，」他說：「這個方程式其實很簡單。在方程式的一邊是能量，另一邊則是其他的一切。」**宇宙中的一切歸根究柢都是能量**。提勒博士根據他在史丹佛的成果，說了一句相當著名的話：「未來的醫學將以控制體內的能量爲基礎。」

能量醫學根據的認知如下：一切皆由能量所組成。在我們能感知和測量到的一切事物底下，潛藏著一個能量模式。此能量模式有著特定的能量頻率，並創造了一切事物，不僅包括我們的身體，還包括思想、感覺、經驗。能量醫學的意思，不過是使用、調整和改變在任何人類問題根源處的能量，無論是情緒、智力、生理、心靈或所有問題，以產生正向的效果。

諾貝爾獎得主阿爾伯特．聖捷爾吉醫學博士說：「在現代之前的每個文化，都是透過挪移體內的能量來完成治療。」這或許難以置信，卻是千眞萬確的事。能量醫學領域至少可追溯至西元前一千五百年。

你可能會想：好吧，如果這是眞的，那我怎麼從沒聽說過？之前它到哪兒去了？首先，你是聽過的，只不過名稱可能不是能量醫學。電腦斷層掃瞄、核磁造影、腎結石碎石術、瑜伽、太極、針灸、靈氣，甚至某些靜心形式，都是能量醫學技術。

過去二十年來，能量醫學（包括許多人所說的能量心理學）如浪潮般興起，這件事也是眞的。療癒密碼是一種能量醫學技術。我在二〇〇一年出版第一本書時，能量醫學連主流的邊都搆不上。到了二〇〇七年，奧茲醫師（譯注：爲美國著名醫學電視節目主持人，曾名列《時代雜誌》全球百大最具影響力人士）預言能量醫學將是醫學的下一個重要領域。我認爲他的預言現在即將成眞。其實，有人告訴我，能量醫學是所有健康領域中成長最快速的類別。爲什麼？原因有三：因爲它**有用**、**便宜**、**無副作用**。

我居住的納什維爾市就是個很好的例子。我們剛開始推廣療癒密碼時，工作地點在地下室。起初告訴住在納什維爾市的人我的工作內容時，他們會說些像是「喔，挺有意思的」之類的話，然後迅速轉移話題。那段期間，我到加州、歐洲和亞洲分享我的工作內容時，那裡的人會說：「喔，實在是太酷了，要如何取得更多資訊？」

時至今日，我們的病人遍及全美五十州和全球一百七十二個國家，而且幾乎都是慕名而來。如今在納什維爾市向人提及我的工作內容時，他們的反應變成：「喔，哇，實在是太酷了，要如何取得更多資訊？」時代正在改變啊！

最近我和一群千禧世代（跟我兩個兒子同齡的人）對談。出乎意料的是，他們告訴我，在他們這個年齡層的人當中，「能量」是稀鬆平常的話題，而且不是「為我祈禱」或「多愛我一些」之類的內容，而是「給我一些正能量」。他們說認識的每個人，對能量治療和能量工作幾乎都抱持著正面的看法，接受度也很高。我心想：好酷啊！我不知道能量在年輕族群當中如此普及。

能量醫學每天都越來越趨近主流。美國心理學協會最近批准綜合能量心理學協會贊助進修教育學分。專家也認為，批准專業的執業人員使用這些技術並提供保險給付，是刻不容緩的事。我在最近的一場ＮＢＡ決賽，看見職業籃球選手帶了自己的針灸師和其他能量專業人員。日常生活中不時看見有人手臂上戴著能量帶。能量醫學如今正在積極影響著世界各地的人，但其實已經影響了人類數千年。

淺談雙盲研究

儘管能量醫學已在世界各地使用數千年；儘管當其他方式都無法奏效時，依然每天都有人得到能量醫學幫助；儘管越來越多研究顯示能量醫療的效用，卻仍然有些人不願更深入了解能量醫學，因為沒有足夠的雙盲科學研究以茲「證明」。

在這本書裡，我曾提到對雙盲研究的看法。在此想花一分鐘簡單回顧一下，雙盲研究如何成為所謂科學研究的黃金標準。這得從瘟疫和天花大流行說起。當時數千甚至數百萬人性命垂危，但百姓卻束手無策。然後有人發現疫苗（化學物質）可防止疾病擴散。

誠如阿爾伯特．聖捷爾吉所說，在那之前的治療大多透過天然物質和改變能量來完成。那麼，數世紀以來，明明能量醫學的療效顯著，以能量為基礎的天然醫學，當初為何會遭人摒棄，到了今日甚至還被斥為無稽、怪誕、邊緣？

我相信這是恐懼的結果。這很合理：發生恐怖事件時，任誰都會出現恐懼、驚慌的反應。每個人都會擔心家人得到黑死病，或擔心子女染上天花。突然間，醫學領域為了治療疾病，傾注全力進行化學物質檢測。久而久之，化學製藥取代了能量醫學，成為新的照護標準。雙盲研究也成了黃金標準，確保該化學物質能發揮應有的效果，而且益處大於負面副作用。

我認為發現疫苗是一件很棒的事，也拯救了無數人的性命。在性命真正堪慮時，疫苗或許能救人一命。但作為研究領域，我認為此舉得不償失。現在醫學界已嚴重失衡，忘了數千年來以能量為基礎的自然醫學效果十分顯著，也很少人因此受傷害或喪命。

隨著能量醫學重獲世人重視，我相信我們正朝著正確的方向，邁向更均衡的未來。

再次重申，我不反對科學方法、雙盲研究或標準醫學。但是在自然與能量健康領域，許多時候醫學檢測並無法檢測出治療的效果。有哪項醫學檢測可測量在父親打我的記憶中，是否已移除了我的低自我價值感？這種檢測並不存在。

所以，我不會只用雙盲研究來證明某件事，我會另覓其他來源證明尚未證實的眞相：

一、**古代文獻**。古代的宗教與哲學文獻蘊含豐富智慧，只是我們尚無能力證明其中諸多道理。所以我一開始會先問：「古人怎麼說？」古人並沒有智慧型手機、電視或網際網路，而是每天圍坐在一起好幾小時，談論著當天發生的問題。當時的科學家和醫學專家不僅研究化學物質；確切地說，他們無法取得現今大部分的藥品。他們絞盡腦汁研究心智如何運作，以及如何用當時可取得的天然資源來治療及緩解病人的痛苦。

二、**可信的科學和／或傳聞證據**。關於這件事，我聽從吉米．耐特維爾的建議：如果不會造成傷害，也能持續有效，那不妨一試！如果有人狀況持續改善或完全解除痛苦，一定要了解他們做了哪些事，即使我們並不完全了解那些事爲何有效。請把方法告訴我，這樣我就能轉告患者。

三、**與心共鳴**。我需要多花一點時間來解釋這一點。立普頓博士稱此共鳴經驗爲幾乎永遠都對的「感覺」。這是在你的腳猛踩煞車避免車禍前的那一瞬間發生的事：在你完全沒意識到發生什麼事之前，身體就已經注意到你的意識心靈未察覺到的資訊，然後大腦傳送電子信號，告訴你的右腿把腳從油門挪開去踩煞車，這樣才沒撞上停在前方的車輛。確切來說，這就是每次做決定時發生的情況：正如意識意念的研究顯示，在有意識地決定一件事之前，大腦會出現電子高峰。在意識心靈參與之前，心就已經察覺並處理大量資訊，並傳送電子信號告訴意識心靈該怎麼做。我相信身體不僅會在避免車禍等極端情況下這麼做，與療癒方式相關的事也會。

在職涯早期，我曾與醫學博士塞弗利．尤科夫斯基共事過。他開發了一種叫做「場域控制療法」的技術。尤科夫斯基博士教導，每個細胞都有一個無形的「駕駛員」，並與其他細胞現有的駕駛員連接在一起。這些駕駛員也稱爲超級量子。它們能以某種方式互通信息，這種方式能讓細胞採取無法預測的行動拯救自己。我相信，這種現象存在我們聽到的某些眞實故事背後。在這些故事裡，有人知道自己不可能知道的事情、出現愛因斯坦所謂的「超距作用」現象，以及發生某些人稱爲心電感應的情況。所有細胞都以某種方式連接在一起，這並不是新觀念。大部分的古代宗教和靈性學說稱之爲「心靈」。例如，《聖經》裡有一句話說道：「聖靈與我們的心同證我們是神的兒女。」如果你讀過完整的上下文，就會明白這句話的意思是：「我知道一些我不可能知道的事，而其源頭我稱之爲聖靈。」

我相信尤科夫斯基博士所謂的超級量子是另一種描述方式，用來說明布魯斯．立普頓博士所說的「感覺」、古代宗教和靈性學所說的「心靈」、今天許多人可能稱之爲的「直覺」、愛因斯坦所說的「超距作用」，以及我稱爲「共鳴」的事物。我相信我們能訓練自己仔細聆聽這個共鳴。當我們這麼做，就有能力判斷自己是否走在正確的道路上。

四、**結果**。在試著這麼做時，實際上會發生什麼事？完成之後，有什麼事會持續好轉嗎？還是有什麼事會惡化？

五、**禱告**。對我來說，這是最重要的證據來源。我會「接通」或與某個更高的力量說話，藉此表達我對療癒、清明、平靜和引導的渴望。我稱此力量爲神；其他人可能稱之爲源泉、菩薩、阿拉眞主、聖靈或內在的更高力量。另外有些人會提到發揮直覺或良心，但對我來說，這與接通心靈的更高力量不同。只要這麼做，就有可能發生奇蹟。平心靜氣地提問，心智清明地聆聽，你會接收到令自己訝異的答案。

當上述五件事方向一致時，我從未發現任何錯誤或有害的事發生。從來沒有。

如果你想從雙盲研究中找到百分之百確定的能量醫學實證，那可要失望了。目前沒有任何檢測方式能測量能量醫學的作用，甚至也無法測量能量醫學在人體的哪個部分發揮作用。能量醫學不分對象，每次都有效嗎？不，但其他方法也做不到。內人憂鬱了十二年，醫師根據臨床研究建議的各種方法都無效，所謂的特效藥也起不了作用。

我在本書一開始提到，你和你的家人可以等到二十年後，等我們有能力證明能量醫學的效用，再受益於能量醫學，或者你可以現在就開始享受能量醫學的好處。

能量醫學目前未列入主流醫學的原因是，現在尚無測量無意識心靈能量模式的可靠方式，但這只是因爲至今尙未研發出適當的技術。誠如奧茲博士所說：「我們現在正開始了解心裡知道是眞的，卻可能永遠無法測量的事。」

爲什麼他說「心裡知道是眞的」？在十個嘗試已獲證實的能量醫學技術的人當中，例如你將在本書學到的記憶工程技術，九人會感覺到其中的差異。多數人「感覺」記憶工程技術大概不到十分鐘就有效果，他們心裡知道這個方法有效。

但是，光靠讀書是無法體驗到效果的，必須付諸行動才行。就像讀紙上的「一杯水」這幾個字，和眞正喝一杯水之間的差異，或是看見一張大峽谷的照片，和親眼目睹的差異。

你無法從照片中充分感受大峽谷之美，這是絕對不可能的。你可以稍微感受一下，或許可以感覺到照片中的景致對你有何影響，但我向你保證，這跟人生中初次踏上觀景點，看見太陽照耀著山崖，俯視科羅拉多河貫穿其間，感覺完全不同。照片是不可能帶給你這種感覺的。因爲衆人的親身體驗，能量醫學和能量心理學已蔚爲風潮，未曾親身體驗的人是無法評估好壞的。

所以，請隨意上網搜尋，想做什麼調查就做，但請理解，誠如奧茲博士所說，目前確實還沒有可深入測量的儀器，但你的心會告訴你是否有效。

能量醫學研究

以上內容的重點不是能量醫學缺乏科學證據。本書第一部提到布魯斯・立普頓博士在史丹佛大學的研究，顯示想法、感覺、信念（他稱之爲細胞的「環境」），能改變生理狀態。想法、感覺、信念是能量的形式，而能量能在細胞層次產生可驗證的變化。

爲了證實能量變化可改變生理結構而進行的研究多不勝數，無法在此一一列舉，但我想引用最近完成的一項研究。我們前陣子接洽了一間水務企業，該企業有十分精密昂貴的水質檢測設備。我們希望他們協助進行一項檢測，看能否測量出無形的能量頻率在有形界的呈現方式。他們獨立檢測特定諧波頻率，對水結構的影響。我們特地請他們對銅進行檢測，因爲美國食品藥物管理局（FDA），最近剛批准使用銅殺死引發抗藥性金黃色葡萄球菌（MRSA）病毒和葡萄球菌感染的微生物。現在醫院會在工作台之類的位置放置銅條，以降低感染。

這家水務企業先從一瓶密封的瓶裝水開始檢測。檢測員在進行這項實驗前打開這瓶水，檢測出銅的含量爲百萬分之〇。之後他們在這瓶水旁邊放一部諧波頻率產生儀，並調成與銅相同的諧波頻率。第二次檢測的讀數顯示，銅的含量提高爲百萬分之二。根據水專家的建議，在水池裡加入每百萬分之〇點五至一點五濃度的銅，即可去除藻類，因此百萬分之二是相當高的含量，比去除水中有害微生物所需的量還要高。這家水務企業的專家用「奇怪」和

「有點意外」來形容這次檢測。確切來說，他說的是：「這是不可能的。」

請注意，這部水質檢測設備不檢測任何東西的諧波頻率，只檢測眞正、實際存在的銅。結論是，諧波頻率在水中生成了有形的銅。水務企業的技師無法解釋這個現象，於是又自行嘗試其他各種方式。他在一瓶水裝滿眞正、有形的銅，任其沉澱數小時後取出，再檢測瓶中的水：沒有銅。一個無形的銅來源（亦即銅的能量頻率），卻生成了有形的銅。

任何改變諧波頻率的事物，都是在能量層次發揮作用。改變能量，便改變了水的結構，也會改變你的生理結構。

大約十五年前，我買了一打玫瑰花送給內人，因爲我很愛她，也因爲我想進行這項實驗。我把其中十朵玫瑰送給她，並在十二朵玫瑰當中挑出最相像的兩朵。據花店說，這些花是同一名花農栽種的，也在同一天摘採。我兒子哈利負責拍攝照片，並監督這項實驗，以確保操作過程正確無誤。

我修剪這兩朵玫瑰花的莖，再放進乾淨的水裡。我把其中一杯水拿在手裡，然後非常、非常強烈地憶起一生中最糟糕、最痛苦的回憶。我盡力讓自己回到那時候，重新體驗一次。六十秒之後，我把杯子放下，再也沒碰過它。哈利可以確定這件事。

我把另一杯水拿在手裡，然後非常強烈地回想一生中最快樂、最美好、最充滿愛的記憶。我努力重溫這一切六十秒，然後把杯子放下，再也不碰它。四十九小時後，結果如下：

七天前

Negative Memory
Positive Memory
49 hours

七天後

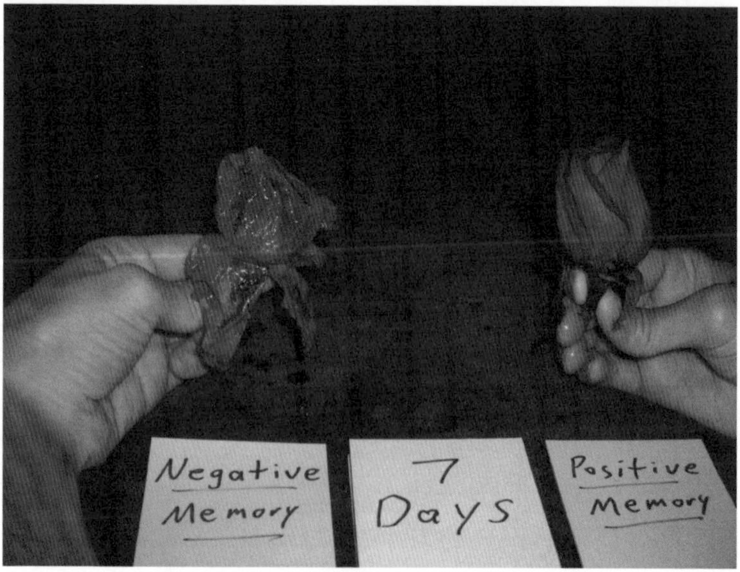
Negative Memory
7 Days
Positive Memory

我第一次展示這兩張照片時，觀眾席中有人大喊：「那朵花看起來好像得了癌症。」花瓣上布滿黑色大斑點。如果碰它，會發現其實是黏稠的。我從未見過這麼黏稠的玫瑰花。如果從水中拿起另一朵玫瑰，水會往下流，花也不會濕答答的。

內人把我送給她的十朵玫瑰放在花瓶裡，裡頭放了能延長花期的花肥。右邊那朵玫瑰看起來比放了花肥的那十朵玫瑰更美麗。回想正面回憶的那六十秒，對這朵花真的具有療癒的效果，也能防止它快速老化。

我並不是這個實驗的原創者，而是跟某個用草莓做實驗的人學來的。去年，一名參加我在東京舉辦工作坊的人讀過我的書，於是在家裡用白米做了同樣的實驗，之後把結果帶到工作坊：其中一碗米還是全白的，另一碗米則呈現黑灰色，裡頭還有黑色斑點。

只不過負面思考了六十秒，就產生劇烈的差異！你能記得這輩子有哪一天至少六十秒沒想到負面的事情嗎？對大多數人來說，答案是沒有。我自己從未一天至少六十秒沒想到負面的事情。

這是第二點，也是最重要的一點。你希望你的肝臟、大腦或腸胃，是這兩個結果當中的哪一個？你希望你的子女、事業或最重要的人際關係，是這兩個結果當中的哪一個？

人會生病並不是什麼稀奇的事。稀奇的是，有這麼多負面想法和感受在心裡來來去去，生病的頻率應該不只這樣才對。雖然必須處理記憶劣化的問題，但我們的免疫系統和療癒系統卻發揮了神奇的作用，使我們盡可能保持健康。

記憶的能量醫學：記憶工程

本書第一部，我們了解到記憶是人生經驗的源頭，包含想法、感覺、生理、行爲等所有的一切。我們每分每秒都在不斷創造新的記憶，但這些記憶是經由現有的相同或類似經驗的記憶過濾，也建立在這些經驗之上。改變記憶，或許是能眞正從根源處改善生活，並長久維持的唯一方式。

那麼，該如何改變記憶？如果一切都是能量，那麼記憶應該也是由能量所組成。這表示我們需要的解決方式，是能從問題根源改變能量的方式。你不會拿扳手刷牙，也不會用牙刷去換輪胎，要用適合的工具才能做對的事。如果是能量出了問題，就需要以能量爲根據的解決方式。記得，研究人員曾切開大腦的各個部位，但記憶依然存在。記憶不是血肉、骨頭、血液或組織，而是由能量所組成，好比電腦的硬碟檔案、簡訊、廣播和無線網路。其實，電腦的設計原理是根據人類的運作方式。

記憶工程是一種特定的能量醫學／心理學技術，針對的是根源記憶。接下來進入下一章。

第八章

記憶工程：眼見爲憑

記憶工程聽起來像是恐怖科幻小說裡的東西。那麼，所謂的「記憶工程」究竟是什麼意思？

心理學的記憶療癒史

記憶工程或許是嶄新的概念，但利用記憶來治癒人類疾病的想法卻不然。確切來說，這正是心理學的起源。現代心理學之父佛洛依德在看診時，會請病人躺在沙發上，閉上眼睛講述他們的記憶，一次歷時數小時。「跟我說說你母親的事，告訴我你對那件事有何感覺。」這種方式稱爲分析，通常持續數年之久。

我在研讀博士時曾選修過這方面的課程，也認識現在仍使用這種方法的同行（爲數不多）。依個人淺見，我認爲基本上要在病人知無不言、言無不盡的情況下分析，才能順利得出結論。他們必須暢所欲言，包括每次的小衝動、每個不恰當的想法和感覺、發生的一切、沒發生的一切，也就是將畢生記憶的所有細節和盤托出。

如果是之前從未眞正談過內心困擾的人，那麼聊過之後他會感覺好一些，這很合理。能和一個有同情心、有愛心的人分享自己最深層的祕密、想法和感覺，有助於減輕壓力。但原本的記憶仍在那裡，甚至他對大多數記憶的感覺可能還是一樣。如果根據記憶困擾他的程度，原本被評為負九分的記憶，現在也許只剩負三分，但這只是一種減敏的方式。

減敏不是療癒。就像有個小傷口，但傷口還在那裡，且經常受到感染，這表示之後可能再度惡化。此外，我們現在知道，在心理學領域，只是沒完沒了地傾吐煩惱，通常只會使情況更糟，而不是更好，即使某程度上已對這些問題減敏。

於是心理學逐漸轉移方向，不再採取聊到無話可說的方式，因為心理學家領悟到這種方法無法長期改變問題，而且非常耗時，費用也高。病人感覺有所好轉，但往往只是部分暫時好轉。

目前心理學使用的主要工具有三種：藥物、因應機制、認知行為治療，以及人生教練等更務實的方式。談論改變自己的想法、情緒和信念，已蔚為風潮，而人生教練這種方法則像火箭般迅速竄紅，因為它比只是坐在那裡聊你媽媽更實際、更積極一些。

我相信非常有效的諮商方式確實存在，而且是具有教育性或技巧根據的諮商方式。

舉例來說，我和內人新婚那幾年，常因為開車而導致衝突不斷，因為她是個非常謹慎的駕駛（我覺得那叫大驚小怪），而我卻莽撞大意。每回幾乎都是我開車，我開車時車速超快，一下子就緊貼著前一輛車。這時候她會開始跺腳，彷彿那裡有個隱形的煞車踏板似的，雙手則抵著儀表板，甚至還會大喊：「亞歷！」

我很不理解她的行爲，因爲我這輩子從未發生車禍，至今都沒有。但當時我學到一個非常簡單的事實：男女對距離的認知差異非常大。跟男性相比，女性看東西時會覺得距離比較近，接近的速度也比較快。

學到這件小事之後，和內人一起開車就再也沒發生問題了。我了解她爲何會出現那樣的反應。在接受諮商時，如果能對生活的運作方式有新的認識，也能受到實際指導，那麼諮商效果就會非常好。

在我看來，心理學、醫學和現在人生教練領域號稱「成功」的案例，其實可能九〇%以上都無法眞正解決問題，只是能大幅緩解壓力，而且緩解的程度足以讓那個人說：「我感覺好多了。」諮商和治療就是這樣開始的，而這兩種方式直到今天仍是心理學界普遍採用的方法。

現今所謂的治療，絕大多數只是**處理**和**指令**。對之前提到無論如何都會成功的那三%的人來說，只需要指令就夠了。對我們這些人來說，則需要額外的幫助，才能理解這些指令並實際操作。但這麼做只是處理，到最後要不是再也無效，要不就是餘生每天耗費大量精力在處理問題。

爲什麼處理需要耗費如此大的精力？因爲談論、思考自己的問題這件事，主要是**意識**在執行。充其量你只是在**處理**症狀，問題根源幾乎一定是在無意識或潛意識（立普頓博士說機率高達九〇%以上），而問題根源正受到保護，無法被療癒，因爲它被標示爲攸關生死的問題。再加上無意識的力量比意識心靈強大一百萬倍以上。希望這樣解釋能讓你明白。你的意識說：「這沒什麼大不了的，改就是了。」而你的無意識說：「感謝詢問，但辦不到。」

結果是，多數人傾向於屈就「普通」的生活，只要有兩百七十八個問題「好多了」就夠了，而不是每個問題都長期、徹底地治癒，或者就算還有問題存在，也只剩下少數幾個重要問題。

我們傾向於接受這種狀況，原因是第一部提到的：我們會拿自己和他人比較。假設你正在服用三種藥物，卻不知道這樣好不好。你跟一個朋友談這件事，發現原來他正在服用四種藥物。然後你又找另一個朋友談，她告訴你她找不到任何藥物解決她的問題，每天早上都得逼自己才起得了床。

於是你對自己說：哇，我現在對服用三種藥物這件事感覺好多了，至少早上我起得了床，我很好！

不，你不好！別再拿自己和他人比較了。你生下來是要過著美好的生活，而不是僅爲了應付或勉強度日。

我在第一章引用了佛洛依德說的話：「理想主義是人類所有痛苦的原因。」記住：比較加期望，就是理想主義。

期望比現在擁有的更多，通常就會覺得理想主義很痛苦。但如果期望低於自己可能擁有的，也一樣會很痛苦。

請不要再誤以為處理就是療癒了，也不要只是對自己的問題減敏。請療癒源頭，進入你的記憶，改變它們，創造正面的內在環境，這才是你原本應該生活的環境。

記憶工程研究

記憶影響能量，這個程式被寫入人體內。聽到器官移植接受者的陳述，我才算確實、徹底理解這件事。許多器官移植接受者說，他們感受到捐贈者對食物的渴望和個性特質。一位接受者說他愛上了古典樂；另一位說他清楚記得捐贈者遇害的情景，因此將兇手定罪；還有一位的性取向改變了。雖然目前仍然只有傳聞證據，但多數研究假設細胞組織裡，有某樣東西將捐贈者記憶的資訊傳給了接受者。

此外，根據傳聞證據，瀕死經驗能創造非常強大的記憶，而這些記憶似乎成為瀕死經驗者新的正向預設值。這個強大的正向經驗似乎「重置」了任何恐懼記憶與負面的內在程式。這種「重置」的效果似乎是永久的，當事人也不必耗費任何心力，很像我在被內人踢出家門之後所經歷的「轉化的頓悟」。

對我來說，這兩種現象都進一步說明了記憶的力量和改變記憶的可能性。

當然，問題是該怎麼做。不能光希望自己經歷瀕死經驗或器官移植！心理學一直以來都知道問題眞正的根源在於記憶，只是找不到方法持續且長期地修復它。

好消息是，記憶確實可能改變，而科學也正在開始證明這一點。

過去幾十年來，研究人員再次將記憶的問題視爲一切經驗的源頭，而心理學家最初憑直覺就知道這一點。第一部提及了幾項這方面的研究。來自西南大學的研究人員說，一旦想出改變細胞記憶的方法，就能扭轉生死。

最近有些研究人員發現如何改變這些內在影像的方法，而且還能測量生理和行爲的改變。

記憶工程老鼠實驗

二〇一三年，麻省理工學院的神經科學家發現，改變老鼠的記憶，就能永遠改變老鼠的行爲。首先，他們使用有兩種獨特特徵的基因改造老鼠：這些老鼠的神經元在高度活躍時會發出紅光，而且可以被光啓動。這表示研究人員不僅能確實看見神經元在海馬迴（產生新記憶的大腦區域）激發了什麼，也能藉由照亮神經元任意活化記憶。

以下是這項實驗的步驟。首先，研究人員讓老鼠探索一個新的區域，藉此產生對該區域的新記憶，之後將老鼠帶離那個區域，用光照亮特定的神經元，以再次活化老鼠對該區域的記憶，並施予電擊，使這個記憶成爲恐懼的記憶。

返回該區域的老鼠會反覆出現之前沒有的害怕跡象。結論是：以這種方式改變老鼠的記憶，確實導致永久性的行爲改變。《科學人》雜誌報導這項研究的文章標題爲，「記憶工程的時代已經來臨」。

虛擬實境治療

記憶工程或許對實驗室裡的基因改造老鼠有效，但對人類呢？幾項研究已證實虛擬實境能對人類產生類似的效果，而且不需要基因工程、實驗室或電擊。

在一項研究中，巴金森氏症患者戴著虛擬實境眼鏡在跑步機上運動，眼鏡中顯示他們正走在遊戲裡的一條小路上。這個遊戲讓他們能練習正常走路和避開障礙物。研究人員發現，這種虛擬實境訓練提高了參與者的神經可塑性，並改善了大腦功能。

另一項研究顯示，虛擬實境能幫助截癱者再度行走。最初研究人員發現，當八名實驗參與者被要求想像自己正在行走時，他們的大腦並未顯示出任何信號。根據首席研究員杜克大學醫學博士米格爾．尼可列利斯的說法，「這幾乎就像大腦已將步行移動的概念消除。」換句話說，事故發生後，他們不再有任何走路的記憶或內在影像。

研究人員利用虛擬實境，讓實驗參與者在模擬情境中，利用大腦活動移動虛擬化身。這麼做基本上是在給他們一個新的步行記憶。參與者利用這個新的步行記憶，啓動電腦驅動的外骨骼裝置。每天穿著這套外骨骼裝置「步行」一小時之後，漸漸的，八名參與者全數恢復某種感覺和／或活動。一名已癱瘓十三年的女性在接受治療後，能在有輔具支撐身體的情況下，自行移動雙腳。

虛擬實境治療也有助於減輕脊髓損傷患者的幻肢痛。對中風、憂鬱症和住院疼痛的患者，施予虛擬實境治療時，也發現類似的成效。

諸如此類的研究顯示，影像（亦即記憶）不僅是生活中每個問題的根源，而且能被改變，後續還能創造出奇蹟般的永久變化。

說到這，懷疑的人會說：「哇，等一下！改變記憶？誰想這麼做啊！這不就像是過著自欺欺人的生活嗎？」

事實是，根據第一部的討論，其實你現在過的就是自欺欺人的生活。我們想解決你因爲記憶故障而過著自欺欺人生活的這種情況。記憶故障是導致你過著自欺欺人生活的原因。我們想要修復這個損毀的檔案或人類硬碟病毒，這樣你才能有眞實的記憶，也才能在生活中創造出愛、喜悅、平靜，並發揮最大的潛力，完成此生的使命和意義。

發現記憶工程始末

在研究實驗室、主流醫學和主流心理學之外，療癒記憶的這種做法爲時甚久。確切地說，這種做法已持續數世紀，甚至數千年，主要是在心靈或宗教方面。我自己也這麼做過，只不過無關宗教，例如療癒密碼是療癒記憶的一種方式，在《夢想密碼》中的心幕冥想法也是。

熟悉這些方法的人可能會想：記憶工程跟療癒記憶一樣嗎？如果不一樣，差別何在？最簡單的回答是：記憶工程跟其他技巧一樣，所根據的是相同的能量醫學原理，也就是用正頻率來碰撞基於恐懼記憶的負頻率，主要方法是藉由想像正面記憶來抵銷負面記憶，同時還有一些增強效果的重要差異。

爲了解釋這些差異，我需要回過頭來解釋，當初爲什麼會開始以助人療癒爲己任。我是在婚後幾年萌生這個念頭。當時內人已罹患憂鬱症六年左右。她嘗試過藥物治療和一些另類療法，都起不了作用。她仍過著地獄般的生活。

約莫在那時候，我逐漸相信第一章解釋的事：三千年前，所羅門王所謂的心，主要是心理學提到的無意識心靈，加上一些其他的相關事物，例如右腦和良心。雖然比這更複雜，但其中有許多相同處。我發現這很驚人，因爲《聖經》和其他提到心的心靈手稿都說，心是人生中最重要的東西。**所有重要的問題和解決方式，都能在心裡找到。**

我逐漸相信內人眞正的問題和解決方式，將在她的心中找到。就在這時，我把探求的焦點轉移到理解心的問題。心的問題是什麼？是在我們記憶中的謊言或假話。我們知道記憶是影像，而影像是心的語言。

之前提過，由於記憶的劣化，大多數的記憶都含有許多錯誤，因此研究人員說記憶更像是錯覺而不是事實。此外還提到，爲了更方便理解，可將每個記憶評等爲基於愛或基於恐懼，分數從負十到正十。你的生活經驗取決於所有記憶加總的整體評分。

多數人的整體記憶比是負分大於正分，主要原因是記憶中的所有錯誤。每個錯誤（亦可稱之爲謊）都增加了壓力。在回應謊言時，壓力會遽增，這是測謊機背後的基本前提。

這件事對記憶的意義是，每個錯誤都會讓整體記憶比更偏向負分。負比率也可能來自你的想法、感覺或用詞，例如「這天氣快熱死我了」，或來自祖先的負面記憶，以及導致第三章討論的記憶劣化的其他所有問題。

這就是爲什麼這麼多人最後得到負五分的整體記憶比，也是爲什麼他們每天早上醒來，感覺自己能做到最好的事，就是勉強活下去。

若想過最好的生活，眞正療癒所有的問題，就必須採取行動。即使無法讓無意識的負比率轉正，也至少移動到中間地帶。這件事勢在必行，別無他法。這就是我所說的療癒問題根源。

在內人羅患憂鬱症的那幾年，我讀遍每一本找得到的書，可以連上網路時，也查了網路上的每個資源。對於療癒記憶，有各式各樣的建議。我們試過所有方法，卻沒有一種方法對她有效。

幾年後，西南大學發表了細胞記憶研究，再加上我之前引用的關於器官移植接受者的許多故事，顯示並非所有記憶都在大腦。所以，如果有一段記憶導致你有負面的想法和感覺、生病、過著不想要的生活，有沒有辦法改變它呢？

我親自試過各種方法，而為此研發的最佳方案，是一種我稱為反向催眠的技術。這項技術使用引導式心像法，引導人們回溯人生中的每一年。這個方法效果顯著，但問題是，這項技術必須在有他人引導的情況下，歷經很長的一段時間，才能達到最好的效果。但即使如此，效果也未必盡如人意。

在研讀心理學博士期間，我和幾位朋友對療癒或改變記憶的想法很感興趣，於是試了各種方法和技巧。我們做過最荒唐的一件事，是找個跟我們的煩惱完全相反的人，朝他大吼大叫，用正面的創傷抵銷負面的創傷。你大概也猜得到這麼做的效果不如預期。在那之後，我大概試過也測試了一百種其他方法，有時效果好，卻仍令人失望。

我感覺自己缺少了什麼。果不其然，我少了三樣東西。這三樣東西之前已逐一討論過，但以下是它們對長期療癒記憶這件事如此重要的原因。

與你的心交談，把它當成療癒的夥伴

之前提到，我們的心會回應心智啓動的每個影像，並視其為此時此刻正在發生的眞實事件。激發負面記憶導致壓力激增，就跟原始事件發生時一樣。

我也終於領悟到，謊言也會導致壓力激增，因此如果明知某個記憶不是眞的，卻仍試圖重新想像（或憶起）這個負面記憶，會導致壓力激增，更多腎上腺素釋出，結果這個負面記憶的強度會變得更甚於重新啓動前。

這就是正面肯定句長期下來通常無效的原因。如果你告訴自己：「我現在就得到一百萬」，你的心知道你在撒謊，而每次這麼說，壓力都會激增，反而產生更多你正在試著消除的負面效果。換句話說，如果我只是藉由想像一個正面記憶來抵銷負面記憶，但這個正面記憶不是眞的，情況可能變得更糟，而不是更好！想用另一個謊言來修復謊言，有點像「提油救火」這句老話。

以下是第一項突破。你必須和你的心建立好關係，把它當成療癒的夥伴。記得，無意識比意志力強大一百萬倍以上，因此如果它們兩個無法融洽合作，你肯定贏不了。經常和你的心交談。跟你的心說話，就像跟好朋友或親戚說話一樣。我們必須做的，是跟我們的心攜手合作，在愛中告訴它眞相。我們能告訴它諸如此類的話：「非常感謝你幫助我做最好的事，很抱歉我一直很難相處，現在我們可以合作嗎？我們可以一起努力，把負面、錯誤的程式改成正面、健康的程式嗎？」

下一章將介紹記憶工程技術的前四個步驟（共六步驟）。這些步驟將給你機會跟你的心攜手合作，向你的心解釋：你知道自己正在創造的正面影像不是眞的。這四個步驟僅供程式設計之用，目的是抵銷負面影像和錯誤，創造更趨於正分的整體比率。最後兩個步驟是創造完美、眞實的新記憶，這些記憶將成爲餘生與該問題有關的預設值。

你不必知道或改變每個負面記憶，只需在心靈創造足夠的正能量，以消除負面能量，最後得出中間值或正分的整體比率，或與特定問題有關的比率。這就是能量醫學的作用方式：用正頻率碰撞負頻率，於是能量互相抵銷或變成新的正頻率。

當你的心知道你沒對它撒謊，而且你正在爲了讓自己更好而努力，它就會全力支持你改變記憶，與你合作，而不是跟你唱反調。

解開心的安全裝置

本書第一部提到爲什麼心的首要任務，是讓你在生命的前六到十二年平平安安長大。你的心有安全裝置，每當遇到任何類似恐懼記憶的事件，它就會派遣恐懼反應小組。即使你已成年，它的優先事項依然是無論如何都要讓你活下去，直到你發現人生的意義、選擇內在法則，並爲了過那樣的生活而承諾改變。在這之前，你的心會開啓某些安全裝置。如果你在找不到靠近商店的停車位時開始思考：要是再找不到停車位，我就死定了。你的心便別無選擇，只能拉響警報，派遣恐懼反應小組。然後，突然間，原本你那天過得很愉快，現在卻開始思考：我怎麼了？

某程度上，人體系統是不可改變的。我們的心作爲安全預防措施，是不會因爲任何緣故，違反自我保護這項首要任務，只有一個例外。

如果選擇依循內在法則生活，從現在起，無論環境或最終結果如何，盡可能時時刻刻活在愛中，就可以解開心的安全裝置。在我看來，這就是人生的意義和使命。只要全心全意允許內在法則運作，就一定會有效果，但你必須是認眞的，也必須全心全意投入。你不能愚弄你的心。

這是第二項突破：若想眞正療癒問題根源，就必須選擇內在法則，藉此解開心的安全裝置。否則即使記憶療癒了，也無法持續。

記得，無意識知道你是否在撒謊。在你不知道自己爲什麼做某件事的時候，它會知道你這麼做的原因；它知道你做某件事並未完全投入。即使你說一千遍，但如果不是眞正盡心盡力，只要環境激發錯誤的恐懼記憶，你的心就會持續派遣恐懼反應小組，而這些恐懼記憶是因記憶的意義劣化而產生的。

但只要餘生眞正全心全意付出愛，你的心就會立刻說：「報告！我們知道了！解開安全裝置，咱們飛吧！」

爲什麼？心的任務是讓你活著，直到你理解人生的意義並選擇這麼做。如果你尚未選擇這麼做，你的心將持續保持警戒。也許你明天就會選擇這麼做了，但在那之前，你得先活著才行。

唯一一件比死亡更重要的事，就是愛。

第一部提到，當你心中有愛，你的心就會取消恐懼記憶的優先權，開始優先處理正面的愛的記憶。通常恐懼記憶甚至不再令人畏懼，因爲它們已經被新湧入的大量的愛給改變了。

恐懼的定義是缺少愛。在純淨、眞實的愛的所在之處，恐懼無法存在，但不是爲了被社會接納及自我利益考量，而刻意「表現出」愛的行爲。

打開心理適應

第一章提到心理適應，這項機制幾乎讓我們有能力適應任何情況，無論是登月成功或災難性的悲劇。心理適應是樂透得主和截癱者在過了大約六個月後，對生活幸福感和滿意度的平均值相同的原因。可想而知，六個月前兩者的差距有多大。

心理適應主要與前額葉皮質有關。每個人都有前額葉皮質，但這就是問題所在。在第一部最後提到，我發現當正負比率太低時（大概是在負五以下），心理適應便無法作用。它很想施力，卻無法克服來自基於恐懼記憶的極負面能量。這就是爲什麼內人憂鬱了十二年，而不是只有六個月。我胃酸逆流的情況持續兩三年，也是同樣的道理。負面障礙在某個時間點變得難以克服，因此若無外力協助，自然的心理適應過程便無法發揮作用。

如果能設法讓比率從負七降至負三，心理適應就能發揮作用，所以從現在算起的六個月後，你會感覺自己脫胎換骨了。嘿，我現在很好，我眞的沒事了，接下來好好過日子吧！在負七的情況下，無論嘗試多少方法，仍可能永遠無法過著最好的生活。

當然，若非記憶的劣化，絕大多數人一開始不可能落入負七的境地。即使遭遇困難，甚至經歷悲劇，心理適應一定都能發揮作用，最後也會安然無恙。然而，經過數千年，現在幾乎什麼事都可能刺激到恐懼反應小組。許多人都太負面，也經常出現故障！沒有任何方法足以抵銷那好幾兆個貫穿整個家族史、被詮釋爲生死問題的記憶，可能連療癒密碼或其他任何能從根源療癒問題的方法都無法做到。雖然可能好轉，卻永遠無法發揮最大的潛力。

這就是第三項突破。雖然可以每天都選擇愛，但如果心的環境太負面，就不可能選擇愛。我們有太多恐懼。這就是我在患者身上看見的情況：他們必須把心的環境調整爲正面，才有能力選擇內在法則。

記憶工程技術直接處理我多年來一直避開的這三個問題。我在世界各地的團體和個人身上測試過這個方法，從未見過有哪個方法能夠如此可靠、迅速地改變負面記憶。記憶工程技術先將整體心率由負轉正，使心理適應得以發揮作用，接著再使用執行這項任務的正確工具，療癒記憶本身和所有相關記憶，並爲該問題創建新的預設值。

即使無法完全致力於內在法則，也能操作記憶工程。當心率由負轉正，就能選擇內在法則，徹底療癒。

心的控制台：影像製造機

執行這項任務的正確工具是什麼？記住，這些影像不是由骨頭、血液或細胞組織所組成，而是由能量模式所構成，這表示需要能量工具來修復這些影像。記憶工程聽起來可能像是電影《星際迷航》裡的東西，但它不過是一種基於能量的工具，可創造、療癒、編輯、修改這些影像，是執行這項任務的正確工具。

做這件事不需要手術、藥物，甚至不需要專業的醫師，因爲我們已經具備了改變記憶的內在科技，也就是**想像力**，我稱之爲「**影像製造機**」。

我發現醫學無法找到儲存記憶的精確位置，這件事很有意思。即使大腦的各個部位都被切除，記憶仍然存在。宣布死亡卻又復活的人，不僅記得「死亡」時的經驗，通常對這些經驗的印象，比活著時創造的記憶更清晰、更詳盡。

我們是在影像製造機的螢幕上觀看記憶，而且科學無法在任何地方找到這個螢幕。我認爲導致這兩件怪事的原因是：無意識記憶和觀看這些記憶的螢幕，其實更多存在於內在本質的心靈領域。再次重申，目前沒有測量工具。批評者爲什麼不說記憶或影像製造機根本不存在，反正他們經常在缺乏經驗證據的情況下大肆批評？因爲記憶和影像製造機的存在太明顯了，批評這件事反而顯得他們很可笑。

就我個人而言，我相信影像製造機和下列生理機制有關：

右腦：右腦的語言是影像，其世界觀是空間的而不是線性的。右腦是「跳脫框架」思考的源頭。

腦幹：腦幹是「感覺腦」，以每秒四十五萬七千公里的速度存取無意識記憶和世代記憶，以及相關的生命資訊。

海馬迴：海馬迴的功能包括編輯、儲存和回憶記憶。

杏仁核：杏仁核是情緒、感覺及其背後智慧的中心。

網狀結構：大腦這個部分根據來自上述所有元素的輸入開始動作。

重點是，影像製造機產生影像、智慧、明智的判斷、跳脫框架的問題解決方式、高峰表現、適當的行動，以及巨大的力量。另一方面，字詞只爲了實際的目的而互相連結。

影像製造機不是噱頭，並非憑空想像，而是人生的控制台。你用它來直接存取記憶。記憶工程讓你能坐在心的控制椅上，從根源處療癒影像，也就是生活中的所有問題。你也許從不知道可以監控和控制這些引發想法、情緒和行爲的影像。我在此告訴你：你可以。確切地說，若想充分利用你收到的這份生命禮物，就必須這麼做。

選擇權在你手上：你將使用影像製造機創造不眞實的幻想，渾渾噩噩地過日子，終其一生尋求快樂、避免痛苦？還是打算控制並利用影像製造機來爲自己、爲身邊的每個人，打造一個全新的、正面的現實？

別擔心，就算不是「視覺型」的人，也能掌握記憶工程這項技術。至於我自己，我的藝術本領糟透了。每當家人和朋友聚在一起玩遊戲，我最怕玩的就是我畫你猜遊戲。每次輪到我畫，兩組人都會笑得人仰馬翻。（就算內人是個藝術家也無濟於事。）有時整個遊戲都會暫停，這樣有人就可以說出大家的心裡話：「你到底在畫什麼鬼東西？」我告訴他們我畫的是什麼，他們都不敢相信。「你肯定是在開玩笑！你只能畫成這樣嗎？」通常這是大家整晚笑得最開心的時候，之後也會不時提及此事。

我所謂的視覺影像，不是你用手和各種合適的技巧創造出來的作品。事實是，每個人都屬於視覺型，只是活得不像視覺型的人。我們的世界觀，我們的計畫，我們的希望、夢想和恐懼，全圍繞著心中對世界的想像，以及希望世界是什麼樣子的視覺影像建構。當矛盾出現時，我們會設法用其他方式解決問題，思考這個問題是金錢、健康，或是有人未按照我們的要求。**我們尋求外在方式來解決問題，但問題其實源自內心**。

問題是，如何透過內在圖像的鏡頭來感知生活。影像製造機是你查看、更改這些內在圖像的方式。

這些圖像如何發揮作用？我們常認爲圖像是印在紙上，靜止、永恆、無生命的圖片。但記憶的影像更像一部活生生的電影，會傳播、擴增。這表示不能只是忽視或把負面記憶鎖起來，也不能用愛的替代品、逃避機制或成癮行爲來安撫負面記憶。「只要熬過這一天」不僅沒有長期效果，也會使情況惡化。我們可能暫時分心，但在無意識層面，這些負面記憶依然存在，繼續傳播、感染周邊的記憶，最後將不知不覺、一遍又一遍地激發我們的恐懼反應。我們不知道原因，但生活將開始莫名其妙地出現各種問題。

以下有個例子。假設你曾對某人有好感，卻同時存有對方對你很無情的記憶。這個記憶在你的影像製造機會如何運作？

這個記憶分成兩個部分，而這兩部分有個很重要的結果：第一部分是事件本身，亦即對方對你說了什麼話；第二部分是事件的脈絡，也是這個記憶的一部分。如果你當時站在地毯上，你的記憶裡就會出現地毯。如果對方當時穿著一件綠色襯衫，或聞起來有某種香水的味道，你的記憶裡就會有一件綠色襯衫和某種味道，和其他構成該事件的一切。

事件脈絡的另一部分，是生活中或多或少與這個記憶有關的其他記憶。也許父母之前曾告誡你不要跟這人扯上關係，也許小時候父親罵你時也穿著一件綠色襯衫，或者某位嚴厲的阿姨也擦同樣的香水。這些全是事件脈絡的一部分。

假設這個記憶導致你今天逃避所有戀情，而你因爲這個問題來找我。我會問你：「這個人到底說了什麼或做了什麼？」你想了想，然後說：「呃，他告訴我：『我現在不想跟你談男女感情。』」

等等，這樣就叫做很無情？如果我去見那個人，跟他提起你，或許他會說：「喔，我對他印象很好，可是你知道嗎？我當時剛跟別人分手，過程很糟糕，我知道那時候的我不適合跟任何人談感情。」

很多時候，記憶眞正困擾我們的，其實不是事件本身，而是事件的前因後果。可能是你與父母發生過的事，甚至是十代以前的事！這些前因後果導致你的心將某件事詮釋爲創傷事件，而其負面能量就像病毒般傳播。事件的前因後果，跟你完全不同的人，根本不會如此詮釋此事。

這就是重要的結果：**詮釋**。你抱持的每個信念，都是對這個問題有關的所有記憶的詮釋。就像「如果……那麼……」這種句子：「因爲＿＿＿＿，所以＿＿＿＿。」我們可能對同一件事的信念相互矛盾。行動時根據的信念，通常是當時較強大的信念。記住，負面記憶往往獲得優先處理，因此通常是最強大的。

重要的是，這個記憶對你來說是不是創傷記憶。事件和脈絡本身都是眞的。若想眞正改變這個記憶，兩者都必須療癒。

若只療癒事件（療癒記憶的方法經常這麼做），而不療癒脈絡，負面影響通常會再次出現。如果療癒脈絡，卻未療癒事件，也會發生同樣的情況。

記憶工程同時療癒事件與脈絡。我們必須改變這個特定的記憶，也必須改變前後脈絡的記憶，也就是所有與該記憶有關的記憶及其周邊的記憶。

聽起來可能很複雜，但這就是影像製造機每天做一千次的事。問題是，我們只是放任它自動運轉。讓影像製造機一輩子按照預設值運轉，就像買了一部手機之後就再也沒設定過。六個月後，你會開始納悶：爲什麼簡訊傳不出去？爲什麼電子郵件打不開？於是你去找十幾歲的兒子問：「我的手機怎麼用起來跟你的不一樣？」

他問你：「你設定了嗎？」

「啊，沒有。」

「爸，這裡說你有一百五十樣東西需要更新。你更新什麼了嗎？」

「沒有，我不知道還需要更新。」

我們四處走動，口袋裡裝著我們的想法、感覺、信念、行為、健康、快樂的控制台，但卻只是隨身帶著，不時幫它充電，僅此而已。我們從未設定它，讓它為我們工作。我們並未用它來改變我們的想法，改變我們的感覺，改變我們的信念，改變我們的生理。我們甚至不知道它可以做這些事。

就像我對兒子說：「喔，你的意思是，按這個按鍵就可以收到電子郵件？你是說我可以跟別人通話？哇，我不知道還可以這樣！」

兒子看著我，彷彿我是個徹頭徹尾的白癡。「你怎麼會隨身帶著這麼先進的科技卻不會用呢？」

我不認為你是白癡，但我希望你現在已經開始了解，我們隨身帶著多少先進的科技，但太多人甚至還沒開始使用。嗯，我們的影像製造和編輯設備，遠比任何電腦或手機先進。我們必須控制和設定這台設備，用它來做所有正面的事情，而這也是它原本設定的功能。

記憶工程是讓你能接管控制台的一種方法。你將在下一章學到如何為自己做到這件事，但現在先稍微練習一下。

練習使用影像製造機

練習使用影像製造機的方式有無限多種。你想要什麼都可以眞的想像出來！試試以下例子。閉上眼睛，想像你正在吃一顆糖果。現在，想像這顆糖果在你嘴裡爆開，柳橙汁噴出來。多玩這個影像幾次，注意你看到、感覺到、聞到、嚐到、聽到和體驗到什麼。剛才你使用影像製造機和影像編輯器創造了一個新的經驗，然後又改變了這個經驗。

接下來再試試這個例子：讀到這裡，你能想到至少一個導致今天出問題的記憶嗎？把它想成是物體，並想像你正在螢幕上看著它。要怎麼想像都行，但要把它想像成是心靈以外的有形物體。例如，假設你正在擔心某件事。你會如何在視覺上呈現這件事？如果你將製作影片或繪製圖片來表現擔憂，對你來說，它看起來會是什麼樣子？

在地球上，除了你以外，可能沒有人知道這個記憶存在，也不知道它對你有何影響。也許你正在看一張自己的照片，照片裡的你愁容滿面，眉頭深鎖，緊咬牙關。看看會浮現什麼影像。

這張照片裡必須發生什麼事，才能讓你的擔憂轉爲平靜？改變這張照片，你才不會擔心，才能平靜。現在就做。你改變了照片裡的什麼？這件事如何改變了你的感覺？

記憶工程技術潛在的基本原理，就是這麼簡單！只需要從各個不同的角度持續這麼做，一直做到在眞實生活中眞正感到平靜，而不僅是在想像中。

因爲心把每個記憶都當成現在式，因此小時候發生過任何不好的經歷，不僅發生在二十年前，現在也正在心裡發生。好消息是，**我們眞的能回到過去修正這個二十年前的記憶，因爲它現在正在發生**。下次你在幻想或做白日夢時，要想起這件事，然後改成在心裡幻想正面的事情或做美好的白日夢。

重點是，記憶是活生生的，而且很強大。它們是有機的，也是眞實的，因此我們不能只是希望它們消失，不能躲著它們。若想過最好的生活，而不僅是苟且平庸地活著，就必須學著了解記憶影像，修復那些正在對我們撒謊的影像。改變內在圖像的唯一方法，不是手術，不是藥物，而是另一張圖像。在接下來的兩章，你將學習如何使用記憶工程技術爲自己做這件事。

第九章

記憶工程技術：回到過去，改變現在和未來

記憶工程技術是一種能量醫學，能同時療癒記憶的事件與脈絡，方法是創造正面和／或眞實的影像，消除負面影像，進而永久改變與該記憶有關的所有想法、感覺、信念、生理和行爲，產生正面的變化，之後便可輕鬆改變意識對日常事件的詮釋。

除了大多數的記憶療癒實作，或以影像爲基礎的療癒實作，記憶工程還包含三項具體的突破：

一、**把眞相告訴你的心，讓它成爲正向的夥伴，充分參與你的療癒。**

二、**療癒心的整體環境，讓心理適應能夠發揮作用。**

三、**藉由選擇內在法則，解開心的安全裝置。**

記憶工程技術的目標，是把整體心率由負轉正或轉爲中間值，而且一次處理一個問題。

你準備好開始改變記憶，讓它們爲你創造最正向的人生了嗎？現在就開始行動吧。

記憶工程技術工作表

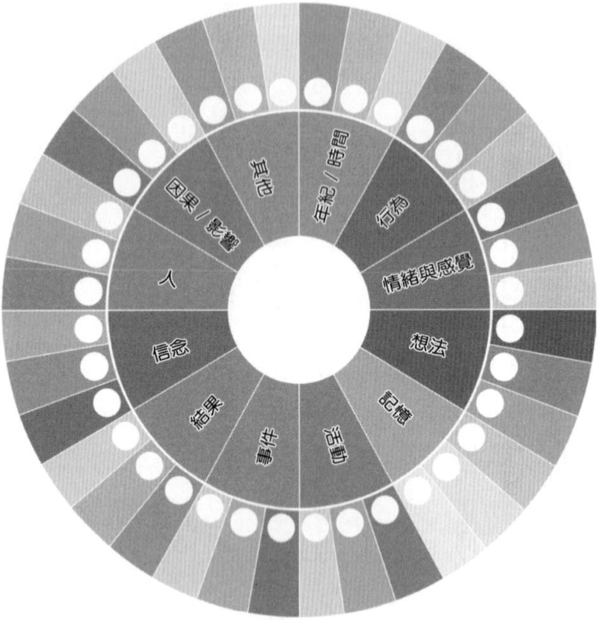

首先，我邀請你到mymemorycode.com網站，將記憶工程技術的工作表列印出來。這張工作表分成兩部分：正面是一張填空圖，背面的標題是「我的故事」，可在此寫出所經驗故事的開放式結局。可以只填寫一面，也可以兩面都寫。

如果不想使用這張工作表，也可以不用。每次內人使用這個技術時，都會填寫其中一面，還擔心自己會不會哪裡沒填對。我從未完整填完一面。怎麼做對你幫助最大，就那樣做。我建議至少試著填寫一次，這樣才能決定以後要不要寫。有些人在第一次填寫時發現，確實了解問題如何影響生活的各個領域，對他們的幫助很大，之後就覺得沒必要再填寫一次。

使用這張工作表之前，請先填寫日期，以便追蹤進度。如果喜歡，也可以寫下你的名字，尤其是如果你和伴侶正在同時處理問題，而你不想搞混兩張工作表。寫下你正在處理的問題。最後，寫下這張工作表是哪個版本，這樣也有助於追蹤進度。這是你第一次或第十次處理這個問題？

等填寫完資訊欄，即可開始填寫圓餅圖。

問題

記憶工程的目標是創造新的記憶，開始將整體心率由負轉正，然後再將預設記憶從恐懼／謊言，改變爲愛／眞相。一次處理一個問題。在這種情況下，我會先從曾經嚴重困擾我的問題開始，也就是胃酸逆流。我可能還有其他問題，例如婚姻和工作，這些問題可以在另一張工作表上分開處理。最好的做法，是先從最困擾你的問題開始。

我在圓餅圖中央寫下「胃食道逆流」。

與該問題相關的經驗

這張圓餅圖被分成不同的區塊，每個區塊各代表一個相關經驗，包括記憶（事件與脈絡）和這些記憶導致的症狀（想法、情緒與感覺、信念、行爲）。在圓圈周圍以及與經驗有關的空格處塡入相關事項，從零到十分，逐一幫每個項目評分，零分表示完全不困擾，十分表示生活中極度負面的問題。這能幫助你整體評估這個問題，並追蹤一段時間的進度。

舉例來說，我曾因胃食道逆流而產生哪些情緒與感覺？擔心自己會得食道癌，因此我在情緒與感覺區塊寫下「擔心得癌症」，並將它評爲九分。我也寫下「恐懼」，評爲六分，因爲它干擾了我的日常生活。

哪些人跟這個問題有關？我塡入內人，因爲它影響了我和內人，約七分。

哪些行爲跟這個問題有關？胃食道逆流影響了我的飲食，因此我寫下「飲食」，評爲五分。我正在服用藥物，所以也寫下「藥物」，並評爲三分。

想法跟情緒非常接近。我在想法的區塊寫下「我會得癌症嗎？」，評爲七分。

請注意，不必每個空白處都塡寫，只要寫對你重要的項目即可。另外也要注意，不必眞的拿數字量表來測量問題。如果無法決定要評爲幾分，只要注意它是否對你造成困擾即可。

編寫記憶程式一：普通的過去

我們將使用記憶工程技術來創造一些新的正面記憶，即使還沒有任何強大、正面的事情發生，效力仍非常大。該怎麼做？要怎麼做無意識才不會抗拒，也不會把記憶貼上謊言的標籤，導致問題更嚴重？

為使記憶工程發揮作用，必須與心合作。意識和無意識本該合作融洽。該怎麼做？做法和你跟任何人相處時一樣。先親切、友好地溝通，直到彼此建立信任關係。你會開始跟你的心、你的無意識、你的潛意識、你的意識、你的良心、你的「高我」說話，無論你想怎麼稱呼它。如果這些名詞對你各代表著不同的意義，也可以把每一項都包含在內。我也強烈建議你請求神，或你的至高力量直接神奇介入調解。

記得，心最終想要的，是我們能理解人生的使命，選擇完全致力於內在法則，並活出那樣的生活。這就是我們生存的意義。我的心（和你的心）希望我們能抵達那樣的境界，如果跟它合作愉快，而它也知道我們正在努力，它會很願意幫助我們的。

假設我的整體心率為負七，而我開始跟我的心說話，努力想讓這方法有效。我會說：「心吶，我要全心全意地去愛。」心說：「不行，他不是眞心的，他沒說眞話，我不會跟他合作。」但如果我處於負七的狀態說：「心吶，我還無法全心全意地去愛。我很想這麼做，所以現在先試試看，但我知道我還無法做到。」心會說：「大家注意！他變了，他說的是實話。好吧，咱們幫幫他吧。」

眞相是什麼並不重要，也許眞相是：「心吶，我無法想像自己能夠全心全意地去愛。我覺得沒辦法做到，但我想做到。你能幫我努力朝那個方向前進嗎？」心會有什麼反應？「注意！他在說實話，他覺得他做不到，咱們來幫他做到吧。」

這樣明白了嗎？只要能誠實面對，你的感覺有多負面其實並不重要。當你承認現在的你和理想中的你有所差距，並親切地溝通、尋求幫助，改變才會眞正開始。

這一點非常重要，因爲我們稍後將故意創造一些與事實不符的記憶。是的，你沒看錯。如果只是杜撰這些記憶，把它們想像成事實，這些記憶會被辨識爲謊言，這樣就不會有效了。心是不會買單的。「不行，這是謊言，提高壓力，拉響警報，拒絕謊言！」

差別在於：我們說的是實話。我並未把這個記憶當成事實呈現在心的面前。事實上，我反而請求我的心絕對不要把這個記憶貼上事實的標籤，而是把這個記憶當成僅爲編寫正面程式之用（以幫助抵銷我遺傳到的錯誤負面程式，以及在原本已有的程式上添加的錯誤負面程式）。

我有數百萬個可追溯至數百年前的記憶，但我連這些記憶的存在都不知道。根據最新的研究，我所擁有的記憶，幾乎每一個都內含錯誤或謊言。這就是我之所以有這麼多問題的原因。我們即將創造的不是謊言，因爲我們不會把它們當成事實。謊言的定義爲「企圖欺騙」，我們做的正好相反。我們會承認這並非事情眞相，也不會把它當成事情眞相。我們正在請心使用這些影像，目的只有一個：把這些影像當成正面能量，將整體負能量比稍微挪向正分那一側。我們即將創造的每個記憶，基本上都像是下載到電腦裡的防毒軟體程式。它完全不會改變電腦應有的功能，目的只有一個：讓電腦不再故障，以便能按照原本設計的方式運作。

跟你的心合作時，如果以這種方式呈現記憶，心就不會拉響警報，也不會把這個記憶貼上眞相的標籤，卻能把能量稍微挪向正分的那一側。

我們將使用記憶工程技術來創造四個不眞實的新記憶，這些記憶僅供程式設計之用，另外還會創造兩個眞實的記憶。我們會請求這兩個眞實記憶永遠成爲這個問題的預設記憶。因爲生活中的負面經驗，我們知道目前的預設記憶充滿了謊言。多年來，我試著只用兩個新的眞實記憶來讓記憶工程技術發揮作用。這種做法對某些人有效，但多數人的心的環境實在太負面，單憑這種方法無法見效。他們需要更多力量、更多正能量，才能達到心理適應開始作用的門檻。我也試過要求病人不要想負面的事，只想正面的事件，藉此讓這個方法發揮效果，結果反而更糟，因爲這件事被詮釋爲謊言。

這就是前四個記憶程式的用處。它們能讓你跟你的心建立眞實、信任的關係，並將整體心率移動到心理適應能開始作用的所需門檻，這樣你才能眞正療癒。

我將用自己胃食道逆流的例子做示範。我把它評爲九分。我已經確認了情緒、感覺、想法和其他我認爲相關的一切。我先禱告，請求神讓眞正的問題（我的情況是胃食道逆流）能神奇地療癒，也懇求潛在的記憶能被創造、編輯、改變成最好的狀態。

現在我準備跟我的心說話了。我會找個舒服的姿勢，緩慢地進行腹式深呼吸，然後閉上眼睛。我會這樣說：

親愛的心，非常感謝你對我的愛與關懷。謝謝你在我能力不足、無法保護自己的時候保護我。謝謝你總是非常關心我的最佳利益。對不起，這些年來，我讓你這麼辛苦。

能不能讓我與你攜手合作?我們能不能和諧共處、同心協力?

我很願意致力於內在法則，過著有愛的生活。我也知道，如果我說現在就能全力以赴，我不是在說實話。這可能需要很長的時間，但我想開始朝那個方向前進，一次進步一些。我知道我的能力還不足以做到這件事，因爲我試過很多次，但失敗了。你能幫我嗎?你能幫我把能量由負轉正嗎?請消除心中那數千個謊言，有些我知道，有些我不知道，但是你每個都知道。

你能幫我調整胃食道逆流的能量，以及與它有關的一切嗎?請啓動所有內在療癒機制和內在的智能治療系統，療癒與胃食道逆流有關的身心靈問題。神啊，懇求祢神奇介入，療癒與這個問題有關的一切。我擔心罹患跟胃食道逆流有關的癌症，也擔心這影響了我跟內人的感情、工作、喜悅和平靜，以及不得不處理這件事的憤怒。請幫助我將這些事轉變成正能量。

我要創造一個新的記憶，但僅供程式設計之用。請千萬不要把它貼上眞相的標籤，因爲你我都知道它不是眞的。請賦予它超級強大的力量，消除跟這些事有關的謊言和負能量。請接受它，把它當成爲了幫助我修改負面程式的正面程式，但絕對不要把它貼上眞相的標籤。請不要提高我的壓力，因爲我很誠實，對此事毫無隱瞞，這麼做只是爲了程式設計的目的。

這些話不是神奇咒語，只是我內心的想法，以及我跟其他人一起做這件事的心得。說出你內心的想法，意圖與上述表達的相同。

接下來，要放輕鬆、想像，這是「創造新記憶」的另一種說法。我將創造一個新的正面記憶，內容是：我的胃食道逆流實際上並未發生，而且實際發生的是正面的事，而不是負面的事。

無論心中和腦海中浮現什麼畫面，一律照單全收。對我來說，我想像自己從一開始就沒有胃食道逆流的毛病。我不擔心得癌症，吃東西時沒有不適，沒有憤怒、焦慮，跟內人的感情也沒問題。胃食道逆流從未發生。相反的，那段時間我完全活在當下、做自己喜歡的事、過得很愉快、花時間陪家人、輕鬆愜意。

我要沉浸在這個記憶中，好好品嚐、觸摸、嗅聞，直到有感覺爲止。如果想像不到畫面也沒關係，只要用文字詳細描述即可。感覺越強烈，記憶的效力就越強大，問題和心的整體能量就會越往正能量的方向移動。

對我來說，現在當我實際在做這件事時，我感覺到喜悅、快樂。「哈哈！沒有胃食道逆流了，再也不會發生了。」我就是在等這個。然後我會對我的心說：**心吶，謝謝你幫助我。請讓這個記憶的效力越來越大，大到能消除與這件事和類似事件有關的一切負能量，而且效果持續一輩子。**

編寫記憶程式二：神奇的過去

現在我要創造第二個新記憶。這個記憶也發生在過去，但它不僅是正面的，也是不可思議、千載難逢、與這個問題有關的神奇事件。

首先，我對我的心說：**心吶，也請不要把這個記憶貼上眞實的標籤，因爲它不是眞的。請把它當成僅供程式設計之用，並貼上這個標籤。請賦予它超級強大的力量，終身消除在我心裡的謊言和負能量。**

在第二個記憶裡，我不僅從未得到胃食道逆流，而且去看醫師接受健康檢查時，醫師說：「亞歷，你是我這輩子見過你這年紀最健康的人。你的生理、血液循環、斷層掃瞄，一切都很健康！晚安，我從沒見過這樣的結果！」他請護士進來說：「你看這傢伙！」他去找另一名醫師說：「你不會相信我看的這個病人。他已經二十八歲了，但你看，他的生理年齡和健康狀況只有十二歲。這傢伙也許可以活到一百多歲。」

我一直想像這件事，直到有感覺爲止。此時的感覺應該像是：「哇！這很像中樂透！我應該再也不必擔心健康了，也許永遠都不必擔心了！」

編寫記憶程式三：神奇的現在

我們將爲第三個記憶設計以下內容：假設過去眞的發生了那則神奇事件，那麼今天的生活會是什麼樣子。

一開始我可能會對我的心說：**好了，心吶，謝謝你幫忙我完成那件事。下一個記憶跟現在有關，請把它當成僅供程式設計之用，千萬不要把它貼上眞相的標籤，因爲它不是眞相，我知道不是。請讓這個記憶隨著時間越來越強大，以消除常與這個問題和我的心有關的負面錯誤記憶。**

我爲這個記憶想像的畫面是：此時此刻，我在當下回憶過去發生的那則神奇事件。現在想起那則神奇事件，我有什麼感覺？我看著這個畫面，直到有感覺爲止。對我來說，這感覺是喜悅與解脫：「哇！太棒了。我再也不必擔心健康了。太好了！」我可以到喜歡的辛辣燒烤肋排餐廳用餐，不必擔心藥帶了沒，也不必因爲得在朋友面前服藥而感到難爲情。確切來說，我想吃什麼就吃什麼。我對罹患食道癌的恐懼消失了，以前我每天都會想到這件事五十次左右。取而代之的是愛、喜悅、平靜、熱愛工作，以及享受每一刻。

心吶，謝謝你幫助我完成這件事。

就像虛擬實境療法給了截癱者如何走路的新畫面，我們給你的是一個新的正面圖像，幫助你解決生活中的這個問題。

編寫記憶程式四：神奇的未來

爲了編寫最後一個記憶程式，我們將想像如果過去和現在的神奇記憶發生了，未來將會是什麼樣子，可能是從現在開始的一年後、二十年後，或生命的盡頭。你可以選擇其中一個選項，也可以創造在未來不同時間點的多個記憶。

跟之前一樣，一開始先跟心說話：心吶，請把這個記憶當成僅供程式設計之用，千萬不要把它貼上眞相的標籤，因爲它不是。我知道它不是。我不會把它當成眞相，請強化它，讓它隨著時間越來越強大。

對我來說，現在想像這個記憶的同時，我也正在想像生命盡頭憶起的那些美好的健康歲月。我感到深刻的解脫與喜悅，幾乎難以言喻。我認識的人都有的健康問題，我眞的都沒有，哇！好幸運啊！

一直想像到有感覺爲止。感覺越強烈越好！

心吶，謝謝你幫助我完成這件事。

預設記憶一：新的預設值

接下來這個記憶將是我們第一個新的預設記憶。在這個記憶裡，原本的事件仍然發生了，但我們將負面、錯誤的詮釋，更改爲正面、如實的詮釋。

一開始我對我的心說：心吶，請幫助我創造接下來這個記憶。請讓它既美好又完美，也請在接下來的日子裡，把這個記憶當成這個問題的眞相。無論何時，只要在生活中發生可能跟這個記憶有關的事，就請強力啓動這個記憶，把它當成這個問題的預設記憶，永遠都這麼做。另外也要啓動剛才創造的四個記憶，用來消除任何無意識的負面記憶。如此一來，在接下來的人生中，這個記憶便可隨時作爲這個問題的預設值。請讓我聚焦在跟這個問題有關的眞相，藉此有意識地支持這件事。

我爲第一個預設記憶創造的記憶是實際發生的事，因此在記憶裡，依然存在著胃食道逆流的問題。跟原本的負面預設記憶相比，這個記憶的不同處在於：**其中沒有謊言**。

記住，事件本身從來都不是問題，問題出在我們對事件的錯誤詮釋。我相信跟胃食道逆流有關的謊言。我絕不可能罹患食道癌，但我卻覺得我會，還爲此擔憂不已。記得有天早上，我依約到納什維爾的范德比爾特醫院回診。出門前，我找到內人，抱著她說：「我很愛妳。」有點像在跟她訣別。我有一本很棒的心靈書籍，這本書對我意義重大。我說：「親愛的，萬一我出了什麼事（我不想讓她太害怕），等哈利長大一定要叫他讀這本書。」我眞的相信我快死了！這件事絕對不是眞的，但對我來說卻變成事實。一小時後，醫師看著我的喉嚨，告訴我：「喔，沒有，你沒什麼大問題。」可是在他說這句話之前，我相信我有。

這個新的、如實的預設記憶是眞實事件，但沒有負面、錯誤詮釋的謊言。沒錯，我有胃食道逆流，但我正在採取行動治癒。無論現在或未來，都沒有需要擔心的大問題，只有能從中學習到的人生教訓，我也能因此成為一個更好的人。

以下是可用來確認記憶中有什麼謊言的另一種方式。你有任何跟這個記憶有關的「因爲／所以」信念嗎？「因爲我有胃食道逆流，所以我會得癌症死掉。」「這個月預算吃緊，所以我會失去這棟房子，無法養活家人。」「因爲我被強暴了，所以我是一塊肉，我很髒，再也不會有人正眼看我，我永遠都不安全。」你的信念是什麼？

問題不在「因爲」，「因爲」陳述的是事實。我確實有胃食道逆流；預算可能很吃緊；確實有人被強暴。但是，**謊言一定是在「所以」**。

因此，新的預設記憶是我們知道的確切眞相，以及關於這個問題最正面的想法和感覺。詮釋的內容不再是「我有胃食道逆流，我會得癌症死掉」，而是變成「我有胃食道逆流，但這並不表示下半輩子會過得不好，我還是可以過著很精采的生活。胃食道逆流可能會消失，我還是可以很快樂、健康、成功」。這也是事實。

我不是說這些事一定會發生，會不會發生只有神知道。我是說，就我所知，這是可能發生的。這是我的希望、禱告、願望。即使我今天有胃食道逆流，仍然可以過著成功、快樂、健康的生活。換句話說，也就是把可能發生最正面的「因此」統統加在一起，並注入正能量與希望。

我用這個如實的、新的詮釋內容，創造了記憶，直到我有感覺爲止。感覺越強烈越好。

沒錯，我有胃食道逆流，但我還是可以快樂、健康、成功，而且它可能會消失。

創造了這個記憶之後，我說：心吶，謝謝你幫助我完成這件事。請讓這個記憶超級強大，也讓它在接下來的日子裡成爲這個問題的預設記憶。這個記憶不是爲了程式設計之用，而是要貼上眞相的標籤。

預設記憶二：終極預設値

最後創造第六個記憶。這是第二個預設記憶，也是最重要的預設記憶。此時我們完全允許心根據它對我們的了解，以及在潛意識和無意識的資訊，爲我們創造對這個問題來說最好的預設記憶。這包括我們不知道也無法存取的祖先記憶，以及其他任何可能未與這個問題聯想在一起的相關問題。

好的，心吶，現在是第六個記憶。非常感謝你幫忙我這件事。希望我做的沒錯，你也能接受我做的事。如果你覺得不好，請讓我知道如何調整。我知道你比我的意識心靈強大一百萬倍。你對我瞭若指掌，連我不知道的事你都知道。

關於這第六個記憶，請允許我完全放下控制，請你／心靈／神對胃食道逆流這個問題，創造完美的預設記憶。如果想讓我看到，請展現給我看。如果不想讓我看到也沒關係。我信任你。請創造最強大的完美記憶，永遠消除所有跟這個問題有關的負能量。請幫助我持續採取行動，朝全心全意過著愛的生活邁進。請在接下來的日子裡，將第六個記憶標示爲這個問題的終級預設記憶，並請隨時按需要修改。

放輕鬆，別想控制你的想像力。如果你看到了什麼，恭喜你；如果什麼都沒看見，也沒關係。待在原地，直到有感覺爲止。感覺越強烈越好。

放手讓你的心掌控療癒過程時，可能會開始憶起上一代某個家族成員發生的事，你認爲這件事可能跟現在的問題有關。如果是這樣，也可使用記憶工程技術來處理這個特定的記憶，從更深的層次解決問題。

不過，根據我的經驗，通常較少會見到祖先的記憶像電影一樣在腦海中播放（雖然曾經發生過這種事），較常見的是引發跟原始事件發生時相同情緒的圖畫或隱喻。

心喜歡使用隱喻。舉例來說，當你放手讓心創造它自己的預設記憶時，假設你看到一個非常髒亂、軟爛的泥水坑，或感受到看到髒亂的泥坑時的那種感覺。

別想：真蠢！我到底爲什麼會想到泥坑？這是我捏造的。這個方法沒用。

反之，你要說謝謝你！問你的心：無論這個泥坑象徵著什麼，請在最深的層次療癒它。

偉大的心靈老師在教導他人時，常使用寓言而非複雜的概念。心也一樣。你可能不會看到某位祖先在五歲時喪母、或事業完全受阻、或對父親入獄感覺羞恥的電影；你看到的可能是一間破舊的空房子、一塊大石頭、或一個泥坑。

如果治療師正在治療一個親人剛過世的四歲病人，他不會談論死亡的概念，因爲小孩子聽不懂。相反的，治療師可能會用比喻來形容孩子的感受，或請他畫一幅圖畫。

在這種情況下的我們，就是四歲的孩子，而我們的心，則是試著幫助我們的人。它可能會提供一個最適合用來療癒問題的比喻。你不必知道原始事件，甚至不必知道這個比喻的含意，只要放手讓心去做它知道在無意識層次該做的事。

在創造了這六個記憶之後，再次評估這個問題現在對你的困擾程度，分數從零到十分。如果你不想用分數計算，只要記下這個問題是否困擾你即可。

假設我胃食道逆流的問題從九分變成五分。這很棒，但我也知道這樣的幅度還不夠。沒關係，可按需要重複這個過程，幾次都行，直到問題不再困擾你。這就是爲什麼工作表上有個讓你寫版本的位置。在整體問題移動到中間之前，我可能需要創造三十個跟胃食道逆流有關的不同記憶，但每個步驟都很重要。你會逐漸開始感覺到不同。只要每次都用同樣的方式跟心說話，並一直想像到有感覺爲止。

如果你確實重複這個過程，那麼眞實的預設記憶就不需要改變，除非你在某個時間點意識到還有另一個之前沒想到的正面角度。

如果發生負面的事，這個預設記憶也可能會改變，不過是用以下方式。假設六個月後，我回去看那位耳鼻喉科醫師，他說：「亞歷，很遺憾，我必須告訴你，你罹患了食道癌。」這是改變我的情況眞相的新資訊。但我可以不必在編寫的記憶程式裡加入「我將死於食道癌」，而是在預設記憶裡加入「食道癌」，但「所以」的句子仍然是正面的，例如「我罹患了食道癌，但一定可以治癒。就我所知，我還是能過著美好、成功、精采、健康的生活。」

加入正面訊息，對療癒過程至關重要。這與心中的正／負記憶比有關。如果太負面，心理適應就起不了作用，身心也無法恢復成天生的正面預設狀態，也無法療癒需要療癒的問題。

你的心創造的終極預設記憶隨時可以改變。每次創造一個僅供程式設計用的新記憶時，也可以說：**心吶，如果你想根據這個新的食道癌修改終極預設記憶，請隨意。**

使用記憶工程技術

現在換你試試看。若想觀看記憶工程技術的示範影片，請至mymemorycode.com.。

一、要不要使用圖表都可以。選一個問題，給它一個從零到十的分數。這個問題可能是生理或非生理的問題，也可能是你跟某人的關係。我建議選擇最困擾你的問題。

二、找個舒服的姿勢，腹式深呼吸幾下，如果閉上眼睛能幫助你集中注意力，就這麼做。爲這個問題及其療癒禱告：**神啊，我請求祢神奇介入並療癒與（問題名稱）有關的一切。請容許我的免疫系統、智能療癒系統和記憶工程法發揮百分之百的效率與力量。**

三、然後跟你的心說話。如果是在家裡，建議大聲對心說話，但如果這樣讓你很不自在，可不必這麼做。你可以說：心吶，感謝你照顧我、愛我、總是非常關心我的最佳利益。如果我有時候很固執，在此跟你說聲對不起。對不起，許多時候我都太恐懼了。如果可以的話，我想過著更有愛的生活。請幫助我做到。請幫助我創造這些記憶，讓它們幫助我而不是傷害我。請把這第一個記憶當成僅供程式設計之用。它不是眞的，我也不希望你認爲它是眞的。請只用它來將我的心率由負轉正。

現在，發揮想像力，爲一則過去的事件創造新的記憶，用正面的經驗取代眞實的負面經驗。想像這件事，品嚐、觸摸、嗅聞這件事，沉浸其中。持續這麼做，直到感覺自己的想法、感受、情緒變正面了，甚至可能出現如果生活中眞的發生這件事，你可能會有的那種生理感受。

四、心吶，請把接下來這個記憶當成僅供程式設計之用，而且我也不希望你認爲它是眞的。請只用它來將負能量轉爲正能量。現在，想像這個負面問題不是過去發生的事。發生在過去的，是這件神奇的、很棒的、不可思議的、千載難逢的正面事件。同樣的，一直做到感覺有所變化爲止。

五、心吶，請把接下來這個記憶當成僅供程式設計之用。它不是眞相，我也不希望你認爲它是眞相。請只用它來將負能量轉爲正能量。想像此時此刻就在你所在的地方，正在回想那個美妙、神奇的事實。此刻的你回想起過去發生的那件事有何感受？一直想像到感覺有所變化爲止。

六、心吶，請把接下來這個記憶當成僅供程式設計之用。千萬不要把它貼上眞相的標籤。它不是眞相，而我也不認爲它是眞相。請只用它來將負能量轉爲正能量。想像你在未來的某個時刻，一年後、十年後，甚至是生命的盡頭。那個年紀的你正在回想跟這個問題有關的那個美妙、神奇的事實。如果那是實際發生的事，你在人生中的這個時間點有何感受?想像這件事，直到感覺有所變化爲止。

七、心吶，關於接下來這個記憶，請把它當成跟這個問題有關的眞相，也貼上眞相的標籤。請讓它成爲我餘生對這個問題的預設記憶。只要在生活中發生跟這個問題有關的事，請隨時啓動剛才創造的前四個記憶來消除我的負面程式，同時也啓動這個記憶，作爲跟這個問題有關的眞相。想像關於這個問題，目前的眞相充滿了雖然有問題存在，卻仍可能發生在生活中的一切正面事件，但不要有負面的「所以」信念。同樣的，一直想像到感覺有所變化爲止。

八、心吶，請幫助我放下控制。請爲這個問題創造最強大、最完美的預設記憶。請讓它成爲這個問題的終極預設記憶，無論我是否看得到，無論我是否知道它是什麼。謝謝你。

九、再次幫你的問題評分，從零分到十分。注意是否發生任何變化。睜開眼睛。

按照以上順序進行每個步驟，一直做到有感覺爲止。也許某個記憶做一分鐘就有感覺，另一個記憶卻花了五分鐘，這樣也無妨。需要多少時間就花多少時間。

記憶工程技術看似有許多步驟，但我大概在兩分鐘內，就能完成所有步驟。越常練習，就越常跟你的心建立信任關係，療癒也能越快發生。一開始我的心只是袖手旁觀，說：「你到底在做什麼？」但過一陣子之後，它會開始理解、合作，因此原本需要很長時間的事，現在只需要幾分鐘。我病人的情況跟我一樣，所以相信你也會一樣。

自動串流記憶工程技術

等練習記憶工程技術一陣子之後，你可能會發現不必完全按照上述步驟。如果是這樣，可能會想試試它的意識串流版，名稱爲「自動串流記憶工程技術」。使用這個技術時，你是在監督過程而非控制過程。這表示你必須能夠信任你的心，願意放下控制、順其自然。對於已操作記憶工程技術一陣子、內心能夠放下控制的人，我只會向這種高度視覺型的人建議這個方法。所有人在無意識層面都屬於視覺型，但並非所有人都能輕鬆透過意識心靈來存取這些影像。

我恰巧是個高度視覺型的人，因此意識串流版很適合我。這個版本的目的是請我們的心創造六個記憶，然後放手，看會發生什麼事。我並未明確告訴心要做什麼、何時做，而是監督這件事。我放手讓心智、心和心靈，創造並編輯這六個記憶，怎麼做都行，並希望神也能加入。但同時我也會做筆記，確定所有記憶都創造好了。

舉例來說，在我請心創造六個記憶之後，可能不久就會看見過去事件的新正面記憶和第一個預設記憶。接下來這個過程可能會停止。這時我會對心說：我還沒看見過去的神奇記憶，請問能讓我看見這個記憶嗎？然後我會放手讓這個過程繼續，同時請求在需要時讓我看見任何遺失的記憶，直到六個記憶都創造出來（神奇的預設記憶可能是個例外，因爲我們不一定能直接看見這個記憶）。

現在我每天都會使用自動串流版，以下是我遵守的步驟：

一、按上述方式確認並評分你的問題。

二、找個舒服的姿勢，按上述方式爲你的療癒禱告，請求神或你的更高力量神奇介入，徹底療癒這個問題，放手讓免疫系統、智能療癒系統和記憶工程法發揮百分之百的效率與力量。

三、請你的心依照自己的順序和方式，創造六個記憶：心吶，爲了（問題名稱），請創造一個過去的正面記憶、一個過去的神奇記憶、一個現在的神奇記憶和一個未來的神奇記憶。請不要把這些記憶當成眞相，而是僅供程式設計之用。請創造新的預設記憶，但不要有負面的「因爲／所以」信念，也請創造新的神奇預設記憶。每當在生活中遇到任何類似情況時，請把這兩個預設記憶當成與這個問題有關的眞相。

四、然後，我會放輕鬆，坐下來觀看。如果過程停滯了，我會請心讓我觀看遺失的記憶，直到六個記憶全部創造出來。如果我請求讓我看見神奇的預設記憶，卻未能如願，我會相信它已經被創造出來了，然後放手。

五、當六個記憶都完成之後，如上述，我會再幫這個問題評分。如果這個問題仍困擾著我，我可能會立刻重複這個過程，或之後再重做一次，直到這個問題不再困擾我。

如果嘗試這個版本後覺得很不順手也沒關係，只要回過頭使用之前的版本即可。

常見問答集

應該要多常使用記憶工程技術？一次花多少時間？

我會立刻開始每天使用這個方法，處理我覺得最嚴重的問題。

如果你是完美主義者，我非常鼓勵你做的越簡單越好，如上述胃食道逆流的例子。即使你想使用工作表，也可能會覺得略過這個步驟看會發生什麼事更好。就信任你的心。

此外，有時你會立刻察覺到變化，有時則需要時間醞釀。你可能創造六個新的記憶，做完後將問題評為三分。這樣很棒，但明天應該重新檢視這些記憶，看它們是否依然強大、完整。若否，請重複這個過程，讓它們重回正軌。

創造記憶本身也可能是一個過程。有些人每次都在五秒或不到五秒的時間內完成，這沒問題。這些人通常善於觀想，容易看見畫面，或想像力很豐富。其實，每個人都有豐富的想像力，只是有些人的心關閉了想像力，因爲他們想像的事太過負面，以至於度日如年。有時候爲了保護你，你的心會取走觀想能力，但等你療癒後，這個能力就會恢復了。

在三十個人當中，也許有一人最初需要接受多次指導，才能創造出這些圖像。這種情況極爲罕見，但的確有此可能。如果你屬於這類人，別擔心。只要完成這些步驟的指導，每天檢查記憶，連續做個三、四天，確定它們還是很強大、完整。如果記憶改變了，只要再次觀想即可。

如果你已經處理這個問題一段時間，卻還是有負面的想法、信念、感覺和行爲，可能也需要處理其他相關的記憶。你有數以兆計的記憶。舉例來說，如果你很擔心工作，這分擔憂可能來自十五萬個不同的記憶，而不只是你一直在改寫的兩個記憶。其他記憶可能來自你的親身經歷、父母親、朋友、其他認識的人，或在學校學到的東西。每當你再次想起這個問題，或每當生活中發生某件心靈判定與這個問題有關的事，這個問題的記憶就會被重啓。此外，記憶每次被重啓，都會創造出新的負面記憶，或更改原有的記憶。這就是爲什麼我們的記憶更像錯覺，而不是影像紀錄的原因了。

也許你改寫了那個記憶，因此療癒了一萬個相關的記憶。你感覺好多了，這種狀態持續八小時，或一天，或更久。但之後你又開始擔心工作。不是因爲方法無效才又擔心起來，而是因爲你還有十四萬個尚未療癒的記憶。

好消息是，你不必逐一處理這十五萬個記憶，因爲它們都在同一個檔案夾裡。記得，**記憶是因爲詮釋而彼此產生連結**，彼此都有關連。例如，小時候你因爲沒有按時完成作業而受罰，而你把這個記憶詮釋爲「如果我沒有按時完成作業，我就是壞小孩」。當你換個方式詮釋而改寫這個記憶，也就改寫了以同樣方式詮釋的所有記憶。我建議先處理你能找到最早且最痛苦的相關記憶，這樣許多記憶也可能一併被療癒了。

我認爲至少五〇%的人只要經歷一次這個過程，就能消除所有非生理症狀，而且通常生理症狀也會逐漸消失。

長話短說，做這件事要有耐心。對某些人來說，可能需要比其他人花更長的時間才能完成這個過程，這樣也沒關係。

我時常感到焦慮，卻找不出特定的問題。這樣還能使用記憶工程技術嗎？

如果你時常感到焦慮，卻無法明確指出是哪個記憶或問題，我會拿出那張圓餅圖表，根據你目前的想法、感覺、信念塡寫。你可以在圖表背面寫下這個問題的相關資訊。問題持續多久了？情況有多糟糕？有時候比其他問題更嚴重嗎？若是，那麼當時發生了什麼事？早上或晚上比較嚴重？根據剛才塡寫的內容，在腦海中形成一幅圖像，然後開始處理這張圖像。用記憶工程處理這張圖，若有需要，可找出跟你目前最強烈的負面感覺相同的最早或最痛苦的記憶，處理這個記憶。但許多時候你不必這麼做。當你根據症狀，只處理自己不知道的問題，就會出現正確的圖像，而且這個圖像會連結到無意識的正確記憶，因而產生同樣的效果。

要是我不確定看見的影像是否來自我的心，該怎麼辦？如果我是有意識地創造出這些影像呢？

你可以有意識地說：「接下來這幾分鐘，我打算竭盡全力放下控制，讓我的心提供影像。」你甚至可以說：心吶，我不擅長放下控制，所以我會試著做做看，但我不確定做得好不好。你比我強大一百萬倍。即使我無法放下控制，請別理會我，請逕行製作你想要的影像，即使我認爲那是我有意識做的。

除了記憶工程技術，我還能做些什麼，才能把想法、感覺、信念和其他問題推移到記憶的下游？

除了這個技術本身，你必須不斷提醒自己，你不是因爲環境才有這些負面的經歷。設法賺取更多財富、換到更好的工作，甚至戰勝疾病、恢復健康，都未必能讓你的心率轉正，因爲環境不是負面經歷的元兇。問題出自內在，不是外在。這表示你應該聚焦於內在。

我見過效果絕佳的另一個簡易法是：任何時候，只要浮現負面想法或感覺，都不要允許它以想法或感覺的狀態存在，而是要把它變成禱告。每次只要注意到自己有負面的想法或感覺，就請求：**請把這個負面想法／感覺，變成正面想法／感覺**。就算一天必須做一百次也要這麼做。不要只把它當成想法，把它變成禱告，就能把負能量轉成正能量。很不可思議吧！

你可能會覺得這個方法快把你搞瘋了，因爲你必須經常這麼做。這種情況大約持續三週。但總有一天，你的心會改變的，彷彿在說：**好的，我們明白了。只要是負面的想法或能量，都要變成禱告，所以我們將停止傳送負面的想法或能量**。突然間，負面的想法和感覺都不見了。我請很多人試過這個小方法，他們都說：「太不可思議了。我這輩子都有這些負面想法和感覺。突然間，它們都停止了。」這個方法很有效。當你的記憶療癒時，可以用這個方法來幫助自己改變下游的想法和感覺。

如果發現記憶工程技術和／或自動串流版無法產生你想要的結果，還有兩個選擇：一是在這個技術的任一版本加入能量醫學補強方式（這麼做效果能提高兩倍），二是加入「療癒密碼二」，從不同的角度處理同一個問題，同時放大兩者的效果。下一章會教你怎麼做。

第十章

療癒密碼二：開鎖的能量工具

雖然記憶工程技術本身是能量醫療的一種形式，但與另一能量醫療工具並用，也能增強效果。

有些人比其他人更容易透過影像製造機存取根源記憶。如果你發現自己站在記憶的門口，卻感覺門被鎖上了，這一章會教你如何使用另一組工具把鎖打開。只要走進記憶裡，存取和改寫記憶就會變得容易許多。

療癒密碼二是額外的醫療工具，能在改變內在記憶時幫助加速後續步驟的效果，讓想法、情緒、感覺、信念、行為和生理狀態都能更快改變。

療癒密碼是我最著名的方法。這套方法是我在十八年前發現的。就算不清楚療癒密碼是什麼，也能在這一章使用這些工具。不過，如果你想知道，我倒是可以稍加解釋。療癒密碼是能量醫療的一種形式，使用手勢來傳送能量到身體的關鍵中心，主要目的是療癒健康問題的根源。

有些能量醫療領域的專家告訴我，療癒密碼是全球排名第二的能量心理模組。我們的病患遍及全美五十州和全球一百七十二個國家。還有人告訴我，我們公司的營運規模在同業中居全球之冠，客源幾乎全來自口碑。我曾在大多數網路和有線電視的新聞頻道、Oprah.com和美國公共電視網等頻道接受訪問。

我發現在德國、瑞士和奧地利的患者都非常重視知識、邏輯和準確性，而療癒密碼系統在這些國家仍如野火燎原般成長，比其他地方更甚。原因何在？因爲這套系統能繞過意識心靈。學識豐富或傾向於控制的人，加入這種能量工具可能是最適合的補強方式。這是內人的經歷：她聰穎過人，而她的心智一直阻撓她療癒憂鬱症的努力。只有療癒密碼對她有效。但是，如果你覺得自己不聰明或沒有控制傾向也別擔心，無論如何這套方法都會有效。

療癒密碼二類似療癒密碼，但兩者的目的截然不同。記憶工程技術使用影像製造機在非生理層面療癒記憶，而療癒密碼二則以一種互補的方式，協助在生理層面療癒無意識、潛意識和意識記憶，而且是三者同時療癒。根據我的測試，療癒密碼二的效果比療癒密碼約強五○%，操作也更簡單。

療癒密碼二的手勢

療癒密碼二系統聚焦於三個療癒區域：

一、**腦幹**。腦幹區域位於頭顱底部中央，就在頭顱與頸部軟組織的交接處。此手勢刺激腦幹或潛意識與無意識心靈。

二、**前額葉皮質**。這是額頭區域，約位於眉毛連成一線上方二．五公分的位置。此手勢刺激前額葉皮質及其相關的一切，尤其是意識心靈。

三、**肚臍**。這個區域位於肚臍正下方。此手勢刺激腸胃道系統，也是大部分免疫系統的所在位置，包括重要的微生物體。

只要將手掌放在腦幹上方、額頭上（前額葉皮質）或肚臍下方，就能啓動這些療癒區域。手放在這個位置時，我建議緩慢地進行腹式深呼吸，而不是胸式呼吸（胸式呼吸是有壓力的呼吸）。只要放輕鬆，釋放心靈和身體，或想像快樂和充滿愛的記憶。如果這麼做的感覺還不錯，可聚焦於問題，並看著它改變。只要感覺是對的，就是最適合這個手勢的方式。

許多人詢問做這些手勢的時間該持續多久，或該預期什麼樣的效果。因爲療癒密碼二處理的不是症狀，而是根源問題，因此可能不會立刻察覺到有任何改變。每個人體驗到的有形和無形，結果各不相同。有些人感到興奮，有些人覺得平靜，有些人感覺有哪裡變了，卻無法明確指出變化何在。有些人感到希望，有些人感覺負面想法或感覺減輕了，有些人覺得身體的疼痛或緊繃緩解了。極少數人（約占總人數的一〇％）可能會在好轉之前感覺更糟，這種情況稱爲「療癒危機」或好轉反應。無論你有何感受，都是適合你的，但你的感覺可能跟其他人不同。因此，接下來會提供建議的時間，但做手勢的時間要比建議的時間長或短，可隨意調整。

基本生命密碼

療癒密碼二本身就是五個一組的基本生命密碼，處理五個不同的生活層面。依序操作這套密碼，便可從各個角度處理你所選擇的任何問題。

一、基本生命密碼一：處理負面想法、感覺和信念。我們要把這些負面想法、感覺和信念，從黑暗轉爲光明，從恐懼轉爲愛，從謊言轉爲眞相，從健康問題轉爲健康。

二、基本生命密碼二：處理病痛、疾病和功能障礙，且處理的是根源，不是症狀。

三、基本生命密碼三：目的是將基於恐懼的行動和行爲、成癮行爲和習慣，變成基於愛的正向行動與作爲。

四、基本生命密碼四：處理非生理痛苦（例如心理、情緒或心靈痛苦）。

五、基本生命密碼五：適用於各種生理疼痛。

在使用這五個基本生命密碼之前，請先思考最困擾你的問題，例如對同事的憤怒。然後依序操作這五個基本生命密碼，處理跟這個問題有關的已知或未知的一切。

基本生命密碼一：負面想法、感覺與信念

- 找出與主要問題有關的負面想法、感覺或信念。關於憤怒的問題，你的負面感覺可能是：我覺得我想傷害別人。
- 評分感覺的強度，從零分到十分。
- 找到具有相同負面想法和感覺的早期記憶，例如：五歲時我發過一次脾氣。
- 禱告或請求自己能意識到與這個負面想法、感覺或信念有關的任何已知或未知的負面記憶和生理問題。
- 操作第一組基本生命密碼：左手置於腦幹，右手置於前額葉皮質。維持這個手勢，緩慢地進行腹式深呼吸。
- 十五至六十秒之後，雙手互換：左手置於前額葉皮質，右手置於腦幹。
- 操作這個密碼時，可想到任何你覺得舒服的事情。可思考問題本身、療癒問題，或將謊言變爲眞相的聖光。也可以只是放輕鬆。
- 做手勢時動作要輕柔，不必用力按壓。
- 時間：可以每十五至六十秒雙手互換，想做多久都行。

基本生命密碼二：病痛、疾病與功能障礙

關於同樣的主要問題（亦即憤怒），找出與問題有關的任何病痛、疾病或功能障礙，例如：我覺得這次的潰瘍可能跟憤怒問題有關。

- 確認與這個病痛、疾病或功能障礙有關的負面想法、感覺或信念，例如：這次的潰瘍造成身體疼痛，同時伴隨著一種無助感，因爲潰瘍是家族遺傳疾病。
- 找出具有同樣負面想法和感覺的早期記憶，例如：我在學校課業落後、感覺自己跟不上時，也有無助的感覺。
- 禱告或請求自己能意識到與這個病痛、疾病或功能障礙（潰瘍、無助感和憤怒問題）有關的其他任何已知或未知的負面記憶和生理問題。
- 操作第二組基本生命密碼：左手置於腦幹（右手放鬆放在大腿上）。維持這個手勢，緩慢地進行腹式深呼吸。
- 操作這個密碼時，可聚焦於任何感覺舒服的事情上。可思考問題本身，專注於療癒問題，或觀想一道聖光將謊言變成眞相。也可以只是放輕鬆。
- 僅此一個手勢。
- 時間：約一分鐘。

基本生命密碼三：負面行動或行為

關於同樣的主要問題（亦即憤怒），找出你覺得與這個問題有關的負面行動或行爲，例如：我飲酒過量，這樣才能忘掉憤怒。

- 確認與這個負面行動或行爲有關的負面想法、感覺或信念，例如：我對飲酒過量感到羞恥或愧疚。
- 找出具有同樣負面想法和感覺的早期記憶，例如：我在店裡偷糖果被發現時，也感到羞恥或愧疚。
- 禱告或請求自己意識到與這個負面行動或行爲（飲酒過量、羞恥或愧疚、憤怒問題）有關的其他任何已知或未知的負面記憶和生理問題。
- 操作第三組基本生命密碼：右手置於前額葉皮質（左手放鬆放在大腿上）。維持這個手勢，緩慢地進行腹式深呼吸。
- 操作這個密碼時，可聚焦於任何感覺舒服的事情。可思考問題本身、療癒問題，或將謊言變成眞相的聖光。也可以只是放輕鬆。
- 僅此一個手勢。
- 時間：約一分鐘。

悔。

基本生命密碼四：非生理痛苦（心理、情緒或心靈痛苦）

關於同樣的主要問題（亦即憤怒），找出與該問題有關的非生理痛苦，例如：我感到懊悔。

- 找出與這個非生理問題有關的負面想法、感覺或信念，例如：我覺得自己不夠好。
- 找出具有同樣負面想法和感覺的早期記憶，例如：男友／女友跟我分手時，我覺得自己不夠好。
- 禱告或請求自己意識到與這個非生理痛苦（懊悔、感覺不夠好、憤怒問題）有關的其他任何已知或未知的負面記憶和生理問題。
- 操作第四組基本生命密碼：左手置於肚臍（右手放鬆放在大腿上）。請注意：手隔著衣服放在肚臍下方也可以，不一定非得直接接觸到皮膚。維持這個手勢，緩慢地進行腹式深呼吸。
- 操作這個密碼時，可想到任何覺得舒服的事情。可思考問題本身、療癒問題，或將謊言變成真相的聖光。也可以只是放輕鬆。
- 僅此一個手勢。
- 時間：約一分鐘。

基本生命密碼五：生理疼痛

關於同樣的主要問題（亦即憤怒），找出與該問題有關的生理疼痛，例如：宿醉。

- 找出與這個生理疼痛有關的負面想法、感覺或信念，例如：因爲宿醉，我覺得自己不夠好，無法好好度過這一天。
- 找出具有同樣負面想法和感覺的早期記憶，例如：母親生病，我卻幫不上忙時，我覺得自己不夠好。
- 禱告或請求自己意識到與這個生理疼痛（宿醉、感覺自己不夠好、憤怒問題）有關的其他任何已知或未知的負面記憶和生理問題。
- 操作第五組基本生命密碼。左手置於生理疼痛處（右手放鬆置於大腿上）。維持這個手勢，緩慢地進行腹式深呼吸。
- 如果左手碰不到疼痛處，就繼續做第四個手勢：左手置於肚臍，同時把正面的注意力聚焦於疼痛區域。
- 如果手碰得到疼痛點，之後左手要再放回肚臍上，維持一段時間。
- 左手在肚臍位置和疼痛區域之間互換（如果做得到的話），最好一直做到疼痛消失或至少減輕爲止。
- 時間：約一分鐘（或更久，如果是第四、第五手勢交替操作）。

同時使用療癒密碼二和記憶工程技術

若想快速增強記憶工程技術的效力，只要在創造六個記憶時，每創造一個記憶，就交替加入左手置於腦幹、右手置於前額葉皮質的手勢，維持三十秒，然後換成左手置於前額葉皮質、右手置於腦幹，維持三十秒。加入這個能量醫療補強工具，能讓記憶工程技術變成身心靈療癒模組：使用這些補強的手勢讓身體參與其中；在創造記憶時，讓意識心靈參與其中；在無意識記憶處理寬恕、愛與恐懼、拒絕、自我價值、身分等心靈問題時，讓心靈參與其中。處理這三大領域，爲你提供了能長期徹底療癒的最佳機會。

可在原版或自動串流版的記憶工程技術，加入這些補強手勢。別擔心時間的問題。在操作前一章學到的記憶工程技術期間，只要感覺自在，即可不斷變換這些手勢。

如果使用原版的記憶工程技術，可按照以下循序漸進的方法操作：

一、說出問題名稱：你有什麼困擾？

二、與這個問題有關最負面的感覺是什麼？從零到十評分這個感覺。

三、要知道如果沒有引發這個問題的記憶或圖像，就不可能會有負面感覺。這個方法將療癒這個感覺和問題根源。

四、想到這個負面情緒時，腦海中浮現什麼記憶或圖像？若有幫助，就填寫工作表來評估並囊括這個記憶的所有部分，包括相關的想法、感覺、信念、環境、人際關係等。如果你是少數無法觀想的人，只要詳細說出感受，然後處理隨之而來的圖像即可。無須使用工作表。

以下是同時使用療癒密碼二創造六個新記憶的方法。你將創造四個用於程式設計的記憶，和兩個爲了準確性而創造的記憶。在創造每個記憶之前，先向神禱告，請祂神奇介入（如果你覺得自在的話），然後跟你的心說話，把它當成療癒過程中的夥伴。

五、編寫記憶程式一：爲找出的圖像或問題想像事件的正面版本。在此版本中，負面記憶從未發生過，反而發生了一件讓你覺得很開心、很安全的事。詳細想像這件事，活在這個記憶裡，直到正面的感覺和想法出現，彷彿這件事現在正在發生。

六、繼續觀看這個新的過去事件的正面圖像，同時祈禱／請求這個圖像變得更強大，並加入療癒密碼二：左手置於腦幹、右手置於前額葉皮質，維持三十秒，然後在不會不舒服的前提下交換位置，直到真正感覺到這個記憶的效果爲止。

七、編寫記憶程式二：創造同一個正面過去事件記憶的神奇版本，其中包含越多細節越好。

八、繼續觀看這個新的神奇過去事件圖像，同時使用療癒密碼二，並祈禱／請求這個圖像變得更強大，直到感覺正面的效果爲止。

九、編寫記憶程式三：根據剛才創造新的神奇過去事件記憶，創造一個新的正面現在事件記憶。假設這個神奇的過去事件記憶發生了，你現在的日子會是什麼樣子？讓這個圖像足夠詳細到現在就能感覺到。

十、繼續觀看新的神奇現在事件圖像，同時使用療癒密碼二，並祈禱／請求這個圖像變得更強大，直到感覺正面的效果爲止。

十一、編寫記憶程式四：根據剛才創造新的神奇過去事件記憶和現在事件記憶，創造新的未來事件記憶。如果這兩個過去和現在事件的記憶發生了，最正面的未來會是什麼樣子？

十二、繼續觀看新的未來事件正面圖像，同時使用療癒密碼二，並祈禱／請求這個圖像變得更強大，直到感覺正面的效果爲止。

十三、預設記憶一：創造一個新的過去事件正面記憶，在這個記憶中，不改變發生的事，而是將發生的事從負面詮釋改成正面詮釋。

十四、繼續觀看新的過去事件正面圖像，同時使用療癒密碼二，並祈禱／請求這個圖像變得更強大，直到感覺正面的效果爲止。

十五、預設記憶二：放下控制，請求你的心爲這個問題創造最完美、最強大的記憶。無論是否看見這個記憶或知道它是什麼，都請求讓它成爲問題的終極預設記憶。

十六、如果能看見你的終極預設記憶，就使用療癒密碼二，並祈禱／請求這個圖像變得更強大，直到感覺正面的效果爲止。如果看不見也沒關係。

十七、等這六個記憶都完成的時候，再次幫這個問題做整體性的評分，從零分到十分。如果這個問題還是困擾著你，可立即重複此過程，或稍後再重複也行，直到這個問題不再困擾你。

第十一章
記憶工程的療癒效果

我看到的情況是，記憶工程技術幾乎對任何問題都有效，舉凡健康、財務、人際關係、焦慮、虐待、成癮，無一不能處理。以下僅舉幾個例子。

癌症：艾瑞克的故事

艾瑞克是我的病人，他罹患了肝癌。許多人認為得肝癌幾乎等於被宣判死刑，其實這也是我的擔憂，因為我母親就是在一九八八年死於肝癌。艾瑞克收到來自各方人士的建議，最後他決定不走正規醫療途徑。他的想法是，就他所知，反正接受治療也救不了他的命，他想在人生的最後一年為家人保持愉快的心情。

等他接受我的治療後，竟發生了意想不到的事。剛開始治療時，他並未意識到這一點，但我們發現他有一個憤怒記憶，而且是從很小的時候，大概出生後不久就存在了。這股憤怒似乎來自被拒絕的感受，但他完全不知道原因。「當然，我發生了一些事。」他告訴我：

「但完全沒有可稱之爲創傷的事。」等我更了解艾瑞克的生平之後，發現他家有六名子女。成長過程中，他感覺自己像是家中的棄兒，認爲父親從未眞正愛過他。父親陪伴他的時間總少於其他孩子，而且無論他做什麼，在父親眼中永遠都不夠好。

最後他想起更多關於這個早期憤怒記憶的細節：他一直穿著尿布，感覺自己很差勁，這種感覺跟父親有關。從那一刻起，他活著就是爲了不計一切得到父親的愛與重視。八歲左右時，他決定自己能取得的最大成就，就是成爲一名醫師。

後來他如願當上醫師，不到三十歲就在加州經營一間規模龐大的診所，患者絡繹不絕。他心想：時候到了，我可以回家了，爸爸終於能看得起我了。

艾瑞克回家探親，但他和父親的關係毫無變化。父親似乎還是一副不喜歡他的模樣。他花了這麼長的時間當上醫師，卻什麼也沒改變。他難過極了。

但艾瑞克仍繼續努力：他累積了各種成就和獎項，幫父母購買他們想要的高價物品，成爲報章雜誌報導的對象，但這一切都沒有用。約十年後，他放棄了。爲了擺脫這分痛苦，他染上毒癮、沉迷酒色，變得一蹶不振。

然後，艾瑞克四十幾歲時，他父親過世了。這件事是他的一大創傷，其中交織著強烈的憤怒與徹底的絕望。現在他再也不可能贏得父親的重視，無法實現他的人生誓言。

約一年後，他被診斷出罹患肝癌。

治療期間，我們從未處理癌症問題，只處理他的記憶：從他父親最近過世的記憶開始，一直回溯到他穿尿布時期。我們處理了每一個負面記憶，直到那些記憶不再困擾他為止。另外我們也處理了他如何詮釋癌症有何意義的問題。

艾瑞克的心情開始好轉。他的恐懼消失了，也能平靜地接受死亡。沒想到他的健康卻越來越有起色，約一年半後，醫師宣布他的癌症消失了。他從未接受任何癌症治療，而是使用了心靈的非凡力量來啓動身體的療癒能力。

我和他都相信這是記憶工程的效果。但眞正令人驚訝的還在後頭。艾瑞克發現他的憤怒還有另一個源頭，原來他有個雙胞胎兄弟。當他試著找出憤怒和受冷落的記憶來自何處時，曾詢問父母許多問題，最後他們坦承當初沒想到會生雙胞胎，因為他們認為當時的財力無法養活兩個孩子，於是留下艾瑞克，另一個孩子則給人收養。

好了，只要稍微研究一下，就會知道雙胞胎心靈相通。即使他們在意識層面不知道自己是雙胞胎，但在內心深處是知道的。因此，除了他對父親的憤怒和受冷落的問題之外，手足分離也讓他感覺被排斥，因此引發憤怒情緒。這一切都發生在無意識層面，最後卻浮現到意識層面。

等療癒這兩個問題之後，他的免疫系統便開始以強大的功率運作，因為壓力消失了。他的肝癌痊癒了，按理說這是不可能的，尤其在沒有接受治療的情況下，而且即使接受治療也可能無法痊癒，就像我母親那樣。

最初的肝癌，最後卻成為他一生中最美好的事。他不僅治癒了癌症，也能在多年後與手足重新取得聯繫。

事業：潔西卡的故事

潔西卡主要的問題與成功、失敗和財務有關。三十多歲的她相信因身為女性，所以事業才會停滯不前。她頻頻跳槽，每換一個工作都強烈感覺備受歧視，雖然她坦承無法明確指出具體事實。

她說：「我只知道因為性別而受打壓，因為這裡誰都比不上我！」我開始用記憶工程技術處理她的問題。我在引導患者完成整個過程時，通常不會問他們看見什麼，這次也沒請她告訴我有什麼想法或感覺。但最後她告訴我，她不再感覺事業受到阻礙了，這個問題不再困擾她。她的感覺是：「是啊，我被迫休息了幾次，也許遭受不公平的待遇，但即使如此，我也無能為力，所以我會放手，努力工作，其他的事情就順其自然吧。」

她的思考模式徹底改變。我問她：「妳仍然相信自己受到歧視嗎？」

「是啊，我覺得是。」她回答：「但我不再生氣了，而且我決定把注意力放在我能控制的事情上。就算被人歧視是事實，我也不會毀了我的生活、婚姻和子女。」

潔西卡帶著新的態度離開，在短短的四個月內獲得兩次加薪，不是一次。這種情況在這家公司從未發生過。

之後她首度與母親談到歧視的問題。令她意外的是，母親告訴她，當初在職場上，她的業績多年來都是公司最好的，每個月的最佳銷售員都是她。但因爲某些原因，只有男性能升職。關於這件事她詢問過幾次，但高層只會找藉口推託。

「你知道嗎？」母親告訴她：「當時我正好懷了妳。」

她母親當時非常沮喪，心想：好吧，我即將把一個孩子帶到這個世界，家裡的開銷會高很多，我必須有能力支付這些開銷，但如果無論怎麼做，都只能領到最低工資，我就不可能做到了！

「懷妳的那段期間，」母親告訴她：「我很生氣因爲自己是女人，所以在薪資方面受到差別待遇。」

母親甚至向她道歉說：「這件事顯然在無形中影響了妳，我很抱歉。在那之後不久我就離職了，再也沒回到職場，因爲妳父親的事業很順利，而且我也想當全職媽媽。從此以後我再也不必煩惱這個問題。」

即使不知道原因何在，也能療癒問題，但以潔西卡的情況來說，知道原因對她很有幫助。許多人有一種內在需求，必須弄清楚自己爲什麼會發生這件事，否則最後會胡亂找理由搪塞，卻往往找錯理由，反而導致壓力升高。現在潔西卡明白自己爲什麼會有受歧視的感覺，也能心平氣和地接受。

如果生活中，有人在你出生前就是你家的好友，或可能看著你長大，那麼你可以主動聯繫他們，找他們聊聊，也許會讓你受益匪淺。你也許會像潔西卡或我在這本書裡提到的許多人一樣，在家族史中找到對生活疑問的解答。即使無法直接取得家族資訊，透過人口普查紀錄、移民登記簿或其他資源查閱家族史，或許也能發現一些令人驚訝的根源記憶，有助於更了解自己和你的方向。

即使發現了某件短期會造成壓力的事，例如領悟到當初父母並不想生下你，但我發現只要心中懷著愛去處理這件事，無論別人過去或現在做了哪些事，眞相一定會讓你重獲自由。

人際關係：伊麗莎白的故事

伊麗莎白也是我的病人，她每次交往的對象都是狂放不羈或她稱爲「壞男孩」的男性。她離過兩次婚，當時正在談一段新戀情。你猜她的對象是哪一類型的人？又是壞男孩。她問我：「我爲什麼會一直重複這個模式？我怎麼老是迷上這些口口聲聲說會爲我改變的男性？我相信他們，但他們卻依然故我，然後一切又再度重演！」

她發現事情與生命的前十年有關，當時她是門諾會（譯注：基督新教宗教團體）的教徒。她對門諾會並無負面評價，只記得被教導：「妳要小心，因爲不同信仰的人生活方式也會不一樣。」這句話給她的印象是：信其他宗教的人都是壞人。

現在，令人驚訝的事來了。每到週末，他們會穿著非常保守的衣服，搭馬車進城。她整天聽到：「不能這樣，不能那樣，那個也不行。」她看見城裡的孩子吃著糖果和冰淇淋，穿著各式各樣顏色鮮豔的漂亮衣服，玩得不亦樂乎。

她進城時，城裡的人對她很親切，看起來不像壞人。她開始想：我不明白問題出在哪裡。也許我需要變壞，至少變成家人口中的那種壞模樣。

於是她開始心生跟她定義爲「壞男人」的人交往的念頭。其實他們也沒多壞，只是生活方式跟她保守的教養方式不同罷了。

十歲時，他們家搬離了那個社區，開始在外面的世界生活。那時的她已寫下想跟鮮豔、華麗的「壞」男人交往的程式，最後卻因此嚐到苦果，因爲她跟會對她施暴的人交往。

我們用記憶工程技術處理這個問題，之後她的這種渴望消失了。現在她只想跟善良溫和、彬彬有禮、忠厚老實、富同情心的好男人交往，而她下一段戀情的對象就是這樣的人。

悲傷：蘇珊的故事

蘇珊是我的病人，她無法跟最親近的人建立親密的感情。她告訴我，從小就感覺跟周遭的人有隔閡，甚至跟自己也很疏離。她深信人生是孤獨的，必須自行承擔一切，但她無法確定這分信念從何而來。這似乎是她與生俱來的信念。

她在雙親家庭長大，父親出外工作，母親在家照顧她和妹妹。母親對她的照顧無微不至。她記得身邊圍繞著許多親朋好友，也沒有受虐或痛失親人的記憶，至少她認識的人都活得好好的。但她似乎就是無法與家人建立親密的感情，也無法在情感上投入。

後來，這種孤獨的信念在生活中逐漸減弱。她很容易結交朋友，但友誼從不長久。她嫁給一個無條件愛她的男人，卻很難感受到愛。她選擇一份必須整天長時間獨自待在電腦前的工作，幾乎沒有多餘的時間或心力留給丈夫、子女、家庭、人際關係或任何事。她真的創造了孤單的生活。

她不想過這樣的日子，對疏忽最重視的一切感到十分內疚，卻不知該如何改變。

我們用記憶工程技術處理感覺孤單的問題。做到步驟六，允許心創造新的預設記憶時，她告訴我她看見一個影像，影像中她被困在一間到處都是骷髏、黑漆漆的地下室。

我們再度使用記憶工程技術，把這個影像當成出現的問題。她把那間到處都是骷髏的地下室想成正面影像。我問她看見什麼，她說她看見那些骷髏一個個變成已過世的親人。他們認出她，跟她打招呼。

從她的家族史中，我得知有幾人年輕時慘死。在父系的家人中，她的曾祖父和祖父都是二十多歲就過世了，而母系家人的最後三代都有一個小孩過世。不過她不怎麼在意這件事，因爲這些親人她一個也不認識。

她不知道疏離的感覺和孤單的信念，其實來自好幾代的人未抒發的悲傷，直到她的心將那個影像顯示給她看。當心這麼做時，她立刻知道這就是問題的根源。

在創造神奇記憶時，她看見自己坐在一張熱鬧的大餐桌前，桌前圍坐著那些英年早逝的親人。他們現在都已長大成人，身強體健，談笑風生，也各自有了配偶和子女。她說她從未感覺如此幸福，與他人的連結也從未如此緊密。

神奇記憶的美妙之處在於，她相信這個記憶有一部分是真的。她相信所有的親人在靈魂層次依然以某種方式活著，而她隨時都能在心裡和他們取得聯繫。她相信等她也離世之後，就能再次見到他們。

結果她不再感到孤單。如今，對過世親人的記憶已不再是她恐懼和遺棄的來源，而是在意識和無意識層面愛與支持的泉源。她減少工作量，讓自己能多抽空陪伴家人，與生活和社區的關係也更緊密了。

焦慮：約翰的故事

約翰是典型「男人中的男人」：體格壯碩、個性開朗、親切友善，是消磨時間的好哥們。

約翰也很容易杞人憂天。他有一份很棒的工作，但突然間，他開始感覺胳膊、前臂和手部疼痛，甚至痛到影響工作。經診斷，他罹患了腕隧道症候群。症狀越來越嚴重，終於有一天，他雙臂打著石膏來找我。醫師試著用固定手臂的方式幫助他痊癒。我們開始用記憶工程技術處理這個問題，並聚焦於他擔心的問題，而不是醫療症狀。

他有一份非常專業的工作。他覺得如果丟了這份工作，就不大容易再找到其他工作。幸運的是，這份工作要求的專業恰巧是他的強項，而且附近只有他的公司提供這項服務。這更加深了他的恐懼。他說：「我的孩子都在這裡上學，他們過得很開心。我妻子在這裡長大，她不想搬家。我們整個生活都在這裡。要是丟了這份工作，如果腕隧道症候群好不了，首先我將無法再找到這樣的工作。就算眞的好了，薪資也不可能跟現在一樣優渥，除非搬到很遠的地方。」

這確實放大了他的擔憂和抗拒，導致情況更難以突破。

有一天，我正在引導他靜心時，他突然恍然大悟。他原本是閉起眼睛坐著，卻突然睜開眼睛，幾乎就像受到驚嚇似的說：「剛才變了。」我說：「你說什麼？」他說：「它剛才變了。」他不停地說：「它剛才變了。眞不敢相信它變了。」我說：「約翰，什麼變了？」他終於說：「擔憂消失了。」

數週以來，我們聚焦於改變和編輯記憶。兩次治療期間，他也會自己在家裡操作。無論出於什麼原因，也不知花了多少時間創造和編輯記憶，之後他抵達並改變了根源，因爲擔憂消失了。在很短的時間內，腕隧道的問題就完全消失了。就我所知，他從此過著幸福快樂的生活。

問題從來不是腕隧道，不過他當然不這麼認爲。問題出在他內心的記憶，但我們從未找到源頭處的記憶，至少我沒找到。基本上，我們可以在不知道究竟是哪些記憶出問題的情況下，用取出一份套裝軟體、再放入另一份套裝軟體的方式來修復記憶。這麼做得花一些時間和努力。我向你保證，有好幾週，他覺得我們毫無進展。然後問題突然就消失了。

請注意：這些是我病患的實際案例。我們了解或發現與他們的問題有關的歷史及其潛在的記憶。在我的病人當中，不清楚自己的歷史或問題根源的人數一樣多。有時再怎麼調查也找不到任何相關的答案。沒關係！只要先用記憶工程技術處理「無來由」或「間接的」負面感覺和想法，一直做到(1)潛在的感覺和想法改變，和(2)生理症狀改變以及／消失。

我想再談談約翰的問題。許多人以爲孜孜矻矻地過日子，就是過著有意義、有目標的生活，因爲他們是在爲自己愛的人這麼做，卻不明白經驗的品質其實也是有意義、有目標的生活的一部分。

不僅如此，他們也教導自己愛的人，其實生活跟體驗意義與目標無關，而是盡本分，爲關心的人過日子。我同意這總比成爲連環殺手要好。但是，在生命的盡頭，你會回首過往，然後說：「唉，情況可能更糟，但你知道，我眞的感覺好像缺少了什麼。」

這就是約翰的感覺。他有一份不錯的工作，是個好人，日子也過得不差。他眞的相信自己已經盡力做到負責任，而且正過著有意義、有目標的生活，因爲他爲了家人盡心盡力。

然後他受傷了。要是他決定什麼也不改變，只處理問題，可能動個手術，而不處理問題根源會怎樣？如此他將永遠無法擺脫壓得他喘不過氣來的擔憂。

處理完之後，約翰並未徹底改變生活。他沒有離職，沒有離開家人，也沒有在某個熱帶天堂開一間衝浪店。但他確實改變了對工作、對自身角色的看法。現在他能放下恐懼，不再擔心自己只擅長一件事，也不再擔心整個人生將由工作來定義，而工作對他而言甚至意義不大。他改變了看法，仍能跟之前一樣認眞工作，卻不給自己太大的壓力。他只改變了看待內在記憶的方式，也因此改變了目前的處境。

記得吉米．耐特維爾博士在餐巾紙上寫的話：我們不知道的事情太多了，而我們總是習慣性地譴責新事物，然而多年後，這些新事物卻成爲公認的主流。如果這個方式顯然多數人都適用，而且不會造成傷害，那就試試看！這是我對你唯一的請求。

後記

奇蹟是我們的內建程式

我常在諮商時問人：「你是否曾覺得自己很特別，應該過著不平凡的生活？」十人中約有八人說是。「對，小時候呀……」我覺得這是我們小時候假裝自己是超級英雄的部分原因。

爲什麼四十五歲的我們，不假裝自己是超級英雄了（呃，大多數人啦）？當然，原因之一是我們懂事了，但我認爲更重要的原因是多數人已不抱希望。我們太習慣走在恐懼這條路上，以至於絕望和生存模式成爲我們的新常態。我也相信，覺得自己很特別，相信自己應該過著不平凡的生活，這種感覺和信念依然存在！這就是爲什麼最近的漫威和DC電影如此暢銷，因爲它們啓動了「沒有不可能的事」的信念，而這個信念從小就在我們心裡。

生活有起色的人經常聽到身邊的人說：「你怎麼了？感覺你好像又變成小孩子了。」他們爲什麼會用「小孩子」這個詞？因爲那種特殊的感覺又回來了。即使已經四十五歲，他們仍想回到過去，採取行動，履行那被他們否認了二十五年的使命：成爲一位不平凡的人。

當我們來到這個世界時，身心靈的設定是要活下去。但我相信，在我們心中還有一個隱藏的加密檔案，能讓我們卓越超群。等到了某個年紀，能明白是非之間的道德差異，此時如果不是經常遭逢生命危險，加密檔案就會打開。

現在的我們仍須以生存爲要，但也強烈渴望不凡。成爲不平凡的人，讓加密檔案執行程式，需要某件多數人稱之爲不正常的事，其他人則會稱之爲「奇蹟」。這件事就是：必須捨棄想活下去的強烈欲望。**必須選擇愛的生活，而不只是爲了活下去。**

生存根植於恐懼。我們出生時，大腦處於德爾塔／西塔腦波狀態。我們一生中也只有這麼一次處於這種腦波狀態。在此狀態下的大腦專司恐懼，而在加密檔案開啓前，大腦將持續處於這種狀態。在加密檔案開啓前，大腦就是這個樣子，我們對此無能爲力，只能生存、學習、長大。

然而，一旦第二個檔案開啓，我們脫離了德爾塔／西塔狀態。在餘生的每一天，我們都面臨著一個選擇。我們可以拒絕接受成爲不平凡的人這份使命，想拒絕就拒絕。但如果這麼做，可能這一生偶爾還是會感覺到使命。但如果一直拒絕下去，之後會覺得自己缺少了什麼。

當我們選擇全心全意地去愛，不再一心一意尋求快樂、避免痛苦（心知道我們是否眞的這麼做過），這個檔案便成爲新軟體，讓我們經歷之前從未有過的體驗。某方面來說，我們開始過著超級英雄般的生活。

愛開啓了通往奇蹟的大門，導向慈悲的生活。

所謂慈悲的生活是什麼意思？慈悲不僅是在心裡愛自己。慈悲是內在和外在的愛，意味著與自己和周遭所有人維持適當的關係，包括宇宙的起源或神。

確切來說，若想充分體驗慈悲的可能性，我認爲必須與神或你的更高力量維持適當的關係。這本書的目的不是宣揚我對此事的理念，但我眞的相信適當的關係，是能讓你充分發揮超自然能力的途徑。

慈悲系統和律法系統完全相反。律法系統有許多不同的名稱：因果法則、牛頓的第三運動定律（每個作用力恆有一個大小相等而方向相反的反作用力）、吸引力法則、「種什麼因，得什麼果」。但這些其實都是同一個定律：你的所得取決於你的作爲。

這些法則千眞萬確，也會造成眞正的結果，但這些結果卻是有限的。有個更高等的系統與這些法則和我聽說過的其他法則完全不同。這個系統叫做**慈悲**，能讓你發揮最大的潛力，因爲慈悲會讓你連結上超自然。它不遵循古典物理學的規則或支配宇宙的任何已知的法則。它神奇地將必須變成想要，並爲你和所有人帶來長期的最佳結果。

根據我的親身經歷，多數人並非眞正了解慈悲。他們以爲慈悲就是寬恕或不勞而獲的同義詞，但兩者都不是慈悲。慈悲是從一開始就沒有寬恕的必要。慈悲不是免費的；支付者是被冒犯的一方，而不是冒犯人的一方。

我想分享幾則故事來說明。

慈悲的故事

那天是保羅的十六歲生日。他興高采烈地起床，記憶中連聖誕節他都沒這麼開心。父母答應他可以晚幾個小時上學，所以那天早上，等監理站一開門，他就能去考駕照。

果然他到監理站時，門都還沒開呢。門打開時，保羅踏著輕快的步伐走進考照中心。工作人員覺得他興高采烈的模樣很逗趣，雖然這景象他們早已司空見慣。

保羅已事先塡妥每一份必要的文件。他先在文件上簽名，再交給父親簽名，證明這眞的是保羅本人的出生證明。然後保羅被帶到一台機器前進行筆試。

約三十分鐘後，保羅寫完了，工作人員告訴他通過筆試，而且只錯一題。他父親一點也不意外，因爲爲了這場筆試，保羅讀了大約六週的書。他覺得很有趣，因爲保羅對拿到駕照的反應，跟年輕時的他一模一樣。

接下來是路考。走到外面時，他看見保羅的額頭冒汗。他們走向那輛車齡六年的奧斯摩比天駒。這是保羅練習時開的車，而且他不只練習六週，而是練習了六個月左右。

保羅每個步驟都做得很正確。回監理站時，公路女巡警說他表現得很棒。保羅笑得合不攏嘴。回到監理站約十五分鐘後，保羅拿到了他生平第一張駕照。父母爲他準備了一輛車齡十年的二手雪佛蘭。保羅開心得不得了，感覺這輩子從沒這麼自由過。

過了三個月左右，保羅的父親帶了一個大驚喜回家：嶄新閃亮的紅色科爾維特跑車。

保羅簡直不敢相信，他很快就知道這輛車不是買給他的，但還是難以置信。家裡從沒買過這樣的車。爲了省錢，他們通常只買二手車。

父親下車，保羅跑向他。母親從屋裡走出來，抱了父親一下。他們說明這個情況。從父親有記憶開始，買一輛紅色的科爾維特就一直是他的夢想，但一直負擔不起，其實現在買還是有點勉強，但他存了大約十年的錢，就爲了買這輛車，實現他畢生的夢想。

保羅坐上車，想體驗坐在駕駛座上的感覺。這是他見過最帥氣的東西。這一刻成了他們家難忘的記憶。

過了三個月左右，保羅鼓起勇氣約他暗戀了五年的女孩出去。令他又驚又喜的是，她居然答應了。欣喜若狂的保羅去找父親借車。其實他不認爲父親會答應，只是試試又何妨。他相信這女孩是他的眞命天女，所以他認爲爲了營造美好的第一印象，値得一試。

他可以想像，如果父親眞的答應了，那天晚上會有多麼浪漫，於是他走到父親面前，劈頭就說：「爸爸，我終於要和愛波約會了。」父親抱了抱他。母親聽到了，也走過來抱他。他們鼓掌、歡呼，大驚小怪的。保羅心想：如果想借車，此時不開口更待何時？

「爸爸，這是我跟愛波第一次約會，請問可以跟您借車嗎？」

父親和母親對看一眼，進行無聲的諮詢。兩人點了幾次頭之後，父親說：「兒子，沒問題。」保羅簡直不敢相信。他知道這將是此生最棒的夜晚，記憶中他從沒這麼興奮過。

到了約會那晚，父親只說：「小心點。」保羅是個很優秀的駕駛，所以父親並未喋喋不休地叮嚀，只說了句：「小心點，約會愉快。」母親說：「開慢點，你知道這輛車開起來比你那輛老車快多了。」他說：「媽，我知道，我會小心的。」說完便離開了。

那天晚上真是無與倫比、美妙至極，說多好就有多好。他們去吃晚餐、看電影。在電影院裡，他鼓起勇氣握她的手。他的手心開始狂出汗，但他不在乎，而她似乎也不在乎。他開車載她回家，最後還吻了她的臉頰。她說期待下次的約會。還有比這更好的事嗎？

回家路上，保羅邊聽音樂邊扯著喉嚨唱歌，雖然唱歌不是他的強項。多麼無憂無慮啊！車子駛進彎道，他應該踩煞車，卻踩了油門。即使過了數十年，他仍不清楚事情是怎麼發生的。車速過快失控。他還沒回過神，車子就已經過彎撞上電線桿，整輛車凹陷變形。

他注意到的第一件事，是他幾乎毫髮無傷。除了左手臂流了一點血，這起意外似乎完全沒傷到他。車門卡住了，他只好從窗戶爬出去。他看著這輛車，崩潰地哭了。車身全毀。

警察來了。他們對他很親切，看得出來他既沒喝酒，也沒吸毒，純屬意外。他們打電話叫拖吊車來拖車，應該是拖到某間垃圾場吧。之後他們開警車載保羅回家。到家時，警察對他說：「保羅，很抱歉，接下來你得自己處理了。孩子，抬起頭來。」

保羅仍在強忍淚水。他不停想到父親開科爾維特回家時臉上的表情，腦海中一遍又一遍聽到父親說他存了十年錢才買這輛車。

保羅下車，穿過前門，走進屋裡。父母異口同聲地說：「約會還順利嗎？」他們等了一整晚，有說有笑的，還拿兒子興奮的模樣開玩笑。父親其實很高興保羅第一次約會是開他的車，但一看到他的臉，他們立刻知道出事了。

母親率先開口：「寶貝，怎麼了？」說完急忙走向他。父親緊接著問：「兒子，你還好嗎？發生什麼事了？」

保羅說自己出了車禍。「我把科爾維特撞壞了，車身全毀。」

爸爸問道：「愛波沒事吧？」

保羅說：「沒事，我先送她回家，之後才出事的。」

「你還好嗎？」

「還好，這裡割傷了，有一道小傷口，但不用縫，不嚴重，我沒事，只是……」然後開始說他在警車後座反覆練習的話。「爸爸，對不起我把你的車撞壞了。我知道您存了十年的錢，也知道那是您畢生的夢想。我眞的很抱歉。您可以原諒我嗎？希望您已經幫車子投保了。」

父親含淚看著他，說：「兒子，車子沒投保。本來有，但後來我和你媽決定更換保險公司。我們昨天才剛跟原本投保的公司說：『我們想取消保險。』但我還沒時間幫車子重新投保。」

但父親眼中的淚水似乎不是爲了車子。他緊緊摟著保羅，還把他抱起來，說：「保羅，別擔心車子的事了，那只是一部機器而已，一點都不需要擔心。重要的是你。我很愛你，你沒事就好，車子的事別放心上。」

母親什麼也沒說，進去拿了一些醫藥用品回來幫他處理傷口。保羅跟父母又聊了一會兒之後，強忍著悲痛走進房裡。車子沒投保；爸爸為這輛車存錢存了十年；他不可能有錢再買一輛科爾維特。這全都是他的錯。

隔天父親開車回家時，保羅在院子裡。爸爸開的不是科爾維特新車，不是以前六年的天駒，而是一輛Yugo汽車。當時Yugo是大家取笑的對象，笑它車身小、不可靠，等級甚至比那輛老天駒還低了一大截。

但父親似乎像平時一樣開心。「嘿，保羅，你好嗎？很高興見到你。今天過得怎麼樣啊？學校還好嗎？」

保羅又說了一次：「爸爸，我把你的車撞壞了，真的很對不起。」

「我跟你說過什麼？別再說這種話了。我不在乎那輛車，我只在乎你。」保羅抱著父親，父親也摟著他。保羅回到後院投籃，父親則走進屋內。

接下來幾週，保羅的心情好多了。他看得出來父親不是在強顏歡笑。雖然保羅不知道父親怎麼可能這樣，但他似乎真的不介意發生的事，而且毫無責怪保羅的意思。保羅試著易地而處，確定換作是他一定會責怪兒子，或許還會痛罵他一頓，外加某種懲罰。他不敢相信自己居然有個這麼棒的父親。

然後，幾天後發生了一件耐人尋味的事。父親回家時，保羅在院子裡。父親並未立刻進屋親母親，而是先來找保羅，說：「嘿，保羅，我想請你幫個忙。」保羅說：「什麼忙？」父親說：「明天有個很重要的生意夥伴要進城來見我，按理說我應該要去機場接他，但車子髒得一塌胡塗，偏偏我今晚有一大堆資料要看，還有很多工作要做。有個活動，公司已經計畫了好幾個月，我得先做好準備才行。你有空幫我洗車嗎？」

保羅高興極了。他一直想做些什麼來回報父親，向父親表達他的歉意，看有什麼他能做的小事來彌補過錯。保羅立刻接下這份工作。「當然，一點也沒問題。其實，想洗車隨時跟我說，我很樂意幫這個忙。爸爸，沒問題，很樂意爲您效勞。」

父親向他眨了眨眼，微笑著說：「兒子，謝啦。」說完便走進屋裡。保羅到車庫拿了放置清潔用品的桶子，把水管拉出來。洗車時，保羅注意到從約會那天起，這是他第一次唱歌，但他也不知道自己爲什麼會這樣，因爲他之前從不覺得洗車是一件開心的事。

慈悲將「必須」變成「想要」

這是一則眞實故事。在我看來，這是慈悲生活很好的例證。保羅以爲自己會被依法處置，「你知道你該這樣做，不能那樣做。你知道你不該把車撞爛。既然你把車撞壞了，你要被禁足一個月，要不就是負擔額外的家事，或者去打工幫忙支付買新車的錢。」

保羅父親的反應是，即使保羅「咎由自取」，也不帶任何批判，不施予任何後果。你認爲這樣的反應對保羅來說有何區別？

保羅會在多年後告訴我，這是他人生的轉捩點。不是說之前的生活過得很糟，而是這是他眞正完全徹底感覺自己是個有價値的人，被愛著、受重視、很安心。這一切都和他的作爲無關，只因爲他是保羅，即使犯了再多的錯。無論我們是否意識到，這才是所有人眞正想要的對待方式。

我認爲多數父母會先確定他和愛波沒事。但在那之後，即使身爲父親的人忍住不破口大罵，也很可能會因爲損失一輛車而情緒低落。他存錢存了十年；那是他畢生的夢想；這也許是他這輩子唯一一次買得起那輛車的機會。就我所知，沒有證據顯示他又開始存錢了。在科爾維特撞毀之後，我認爲他已經徹底打消念頭。

正常反應和實際反應之間的差距，是保羅生命中一個善的轉捩點。這起意外原本可能是一次嚴重的創傷，他可能會被責備，父親可能會暴跳如雷，母親可能會說：「你知道你爸爲這輛車存錢存了多久嗎？你知道這是他畢生的夢想嗎？你知道車子沒投保嗎？我們相信你會小心駕駛，也相信你很清楚開車要多小心，你知道嗎？」

但是，父母的心思全在保羅身上，不僅注意保羅在生理上是否安然無恙，也確保他在情感和心靈上沒有創傷。他們的反應首先保護了他們的親子關係。

現在，如果沒有付出大量的努力，多數人不會這麼做。他們會非常傷心，立刻壓力遽增，想到自己和受損的財物。這完全可以理解，不是嗎？生活在律法系統之下時，會不由得想到一切將如何影響我們，因爲能活下去才是最重要的事。但如果生活在慈悲系統之下，即使感到失望，也有能力顧及他人。無論心情如何，都能顧慮到他人的感受，也能優先考慮最重要的事，做出能讓自己引以爲豪且造福最多人的反應。

重點是，保羅的父親從不生氣。他接受了車禍的消息，優先考慮最重要的事。在此情況下，最重要的是保羅和愛波平安無事，以及等事過境遷時，這次的經驗不會變成保羅新的情感創傷。看見父親以慈悲對待自己，這次的事件爲保羅創造了一個強大的記憶，讓他知道要選擇以慈悲待人。保羅告訴我，之前如果父親要他洗車，他會發牢騷和抱怨。之後，他居然會迫不及待想洗父親的車！他的「必須」已經變成「想要」。轉變就在一瞬間神奇發生了。

這件事成爲保羅強大的記憶，能讓他在生活中一次又一次借鑒，爲他樹立行爲基礎的模範，讓他能在各種情況下根據慈悲心做出反應，讓所有相關人士受益。保羅說這件事永遠改變了他。換句話說，相較於恐懼／快樂／痛苦的保羅，以慈悲爲基礎的保羅，明顯是個截然不同的人，不僅對他人如此，更重要的是對自己也是如此。保羅一生都像父親一樣慈悲對待自己和他人。許多人將生活中正面的改變歸功於保羅的慈悲。有人在保羅的喪禮上講述這個故事，所有曾經懷疑保羅有何訣竅的人頓時茅塞頓開。

我相信保羅的父親懂得何謂慈悲，也過著慈悲的生活，雖然他並未稱之爲慈悲。許多人也跟保羅的父親一樣。從古至今都有人想通這一點，即使他們無法用文字來解釋。

舉例來說，我記得讀過祖母在二十世紀初寫的日記。我相信她也發現了這種生活方式。

第二次世界大戰期間，祖母和祖父以德國移民的身分，舉家遷往美國。她經歷了兩則創傷事件：一是因德國血統遭到朋友和鄰居揶揄、嘲笑，即使祖父爲了美國參戰，還在戰爭中贏得獎章。

二是，祖父開墾了一片農地，之後和祖母共同持有和經營。經濟大蕭條期間，銀行要求他們立刻償還五百美元的貸款。他們沒那麼多錢，於是失去了多年來辛勤墾殖的農地，不得不搬到另一個鎮上的一間小房子裡。

認識祖母的人都對我說同樣的話：如果說有誰來自天堂，是天使的化身，非這女人莫屬。她非但沒有以怒制怒，且舉手投足間都是愛。她會烤餡餅，時常去探望病人，就算是不喜歡她的人也不例外。

她每天從早到晚工作。如果有人需要幫忙，她一定第一個趕到。儘管他人冷言冷語、揶揄嘲諷，即使生活條件嚴峻，她似乎完全不受影響。她在日記裡提到幫助別人有多開心，以及她是多麼熱愛美國這個國家和人民。

我的兩個哥哥告訴我，他們從未見過像祖母那樣的人。她極其善良又有愛心，總是笑容滿面。只要有人在身邊，她一定會全神貫注於對方，絲毫不爲自己著想。我是家裡的老么，對她毫無印象，所以聽哥哥談論她時，我有點嫉妒。

我相信有些讀者可能也過著慈悲的生活。我也曾在諮商室遇到幾位。只是根據我的經驗，自行琢磨出這個道理的人，所占的比率微乎其微，但所有人都有潛力體驗這樣的生活，並且對子女、對配偶，最後對世界發揮同樣的影響力。

我有一個類似保羅的經驗，雖然發生的方式不同。

那段期間，我們破產了。共同分擔打掃工作，是我和妻子節省開銷的方式之一。有一次又輪到我掃廁所。有時候廁所眞是噁心極了，但現在我卻是邊掃廁所邊唱歌、邊哼曲子，笑呵呵的。我眞的覺得地球上沒有比廁所更讓我想待的地方了。爲什麼？因爲妻子就在隔壁房裡。等她再見到我時，會對我微笑，笑容裡流露著：「我全心全意地愛你。」但六個月前，她根本不想靠近我。

不是說我很愛掃廁所，而是我在掃廁所時心中有愛。這件事讓我有機會陪在妻子身邊。她是我這輩子最愛的人，這才是最重要的。

因爲愛，掃廁所變得不再重要了。這就是慈悲的作用。慈悲讓貧窮變得毫無意義；慈悲凌駕了肉體疼痛；慈悲超越了打掃一間骯髒、可怕的廁所；慈悲幾乎能克服人生中你叫得出名稱的一切。

對內人來說，慈悲就是足球。以前只要她走進房間，看見電視上正在播放足球賽，她會皺著眉頭說：「我討厭足球，你能把電視關掉嗎？」在我徹底改變之後（這件事對她也有很大的影響），她會說：「下一場足球賽何時舉行？我也想去。」爲什麼？不是因爲她突然愛上足球了，而是在觀看足球賽時心中有愛，因爲她知道我很愛足球，而她想陪在我身邊。重要的是我跟她之間的關係。

現在你必須做出選擇。你想以自己的方式變得非凡卓越嗎？你想將「必須」變成「想要」嗎？你想讓最好的自己成爲預設程式，還是想繼續以生存模式活著？

你必須決定你想過著重視心靈的生活，還是聽從天性隨波逐流？恐懼，或律法生活，源於自然界、我們的大腦及戰或逃機制。愛，或慈悲生活，源於心靈界，因此具有超自然的力量，能創造神奇的結果，這種結果絕對無法透過天生的意志力來達成。

從自然界嚴格的適者生存角度來看，愛這件事甚至毫無道理可言。在自然界有意義的，是追求快樂、避免痛苦，而不是讓自己更容易受痛苦影響（而眞愛經常需要這樣）。在自然界有意義的，是將成功定義爲只要有心，就能得到想要的最終結果。即使愛會帶來痛苦，也選擇愛，選擇放棄眞正想要的和認爲能帶給你快樂的事物，這在自然界似乎是一件相當可疑的事，但在超自然界卻不是。按照天性生活和根據靈性生活，兩者的實際差距，好比騎馬和開車的區別，或用鉛筆在紙上算數學和用計算機計算的差異。

兩者都是你的內建程式，但選擇愛，是能把不平凡檔案放入駕駛座的唯一方法。

重點是，單憑身心的力量，無法達成所有人都想在生活中得到的結果，包括愛、喜悅、平靜、健康、快樂，以及超乎渴望的成功。只有一種方法，能讓你使用超自然力量達到這些結果，這就是現在擺在面前的選擇。選擇內在法則；選擇愛；選擇心靈；選擇慈悲生活。療癒基於恐懼的記憶，這是問題的眞正根源。你寧願後半生都耗費心力在治療症狀，還是爲自己、爲所愛的人和這世界，帶來神奇的正面轉變？

我相信你現在已經明白了，也握有踏出第一步的工具。你有機會爲自己編寫奇蹟程式。選擇權在你手裡。

Eurasian Publishing Group
圓神出版事業機構
方智出版社
Fine Press

www.booklife.com.tw
reader@mail.eurasian.com.tw

方智好讀 140

療癒密碼2改寫根源記憶

作　　者／亞歷山大．洛伊德
譯　　者／聿立
發 行 人／簡志忠
出 版 者／方智出版社股份有限公司
地　　址／臺北市南京東路四段50號6樓之1
電　　話／（02）2579-6600．2579-8800．2570-3939
傳　　真／（02）2579-0338．2577-3220．2570-3636
總 編 輯／陳秋月
副總編輯／賴良珠
主　　編／黃淑雲
責任編輯／胡靜佳
校　　對／胡靜佳．溫芳蘭
美術編輯／林雅錚
行銷企畫／陳禹伶．王莉莉
印務統籌／劉鳳剛．高榮祥
監　　印／高榮祥
排　　版／杜易蓉
經 銷 商／叩應股份有限公司
郵撥帳號／18707239
法律顧問／圓神出版事業機構法律顧問　蕭雄淋律師
印　　刷／祥峰印刷廠
2021年7月　初版

定價350元　ISBN 978-986-175-610-3

「療癒密碼」不是治好你的身體，
它是重啓你本身自有的免疫系統。治好你的，是你自己。
——《療癒密碼》

國家圖書館出版品預行編目資料

療癒密碼2改寫根源記憶／亞歷山大．洛伊德（Alexamder Loyd）著；
聿立 譯 . -- 初版 . -- 臺北市：方智出版社股份有限公司，2021.07
288面；14.8×20.8公分 --（方智好讀；140）
譯自：The memory code.

ISBN 978-986-175-610-3（平裝）

1.記憶 2.潛意識

176.33 110007767